fresh!

150 Rezepte für Säfte, Smoothies & Co

UMSCHAU

© 2012 Neuer Umschau Buchverlag
GmbH, Neustadt an der Weinstraße
für die deutsche Ausgabe

Besuchen Sie uns im Internet:
www.umschau-buchverlag.de

Zuerst erschienen 2011 bei
Ryland Peters & Small
20–21 Jockey's Fields
London WC1R 4BW
und
Ryland Peters & Small, Inc.
519 Broadway, 5th Floor
New York NY10012
www.rylandpeters.com

Titel der Originalausgabe
»Easy Smoothies & Juices«

Übersetzung: Susanne Schmidt-
Wussow, Berlin
Satz: posi.tiff media GmbH, Gelnhausen
Umschlaggestaltung: Tina Defaux,
Neustadt an der Weinstraße
Herstellung: Birgit Wucher,
Neustadt an der Weinstraße

Printed in China

ISBN: 978-3-86528-741-0

Für die englische Ausgabe
Senior Designer: Iona Hoyle
Lektorat: Rebecca Woods
Bildrecherche: Emily Westlake
Herstellung: Maria Petalidou
Art Director: Leslie Harrington
Publishing Director: Alison Starling
Register: Hilary Bird

Text © Maxine Clark, Lyndel Costain,
Tonia George, Brian Glover, Nicola
Grimes, Louise Pickford, Ben Reed, Fran
Warde and Ryland Peters & Small 2011

Design and photographs
© Ryland Peters & Small 2011

Hinweise

• Alle Löffelmaße sind gestrichen, sofern
nicht anders angegeben.

• Gewichte und Maße sind leicht auf-
oder abgerundet, um das Abmessen zu
erleichtern.

• Mit „Joghurt" ist immer Naturjoghurt
gemeint, sofern nicht anders angegeben.

• Wenn Sie ein Getränk mit Zitrusfrucht-
scheiben servieren, verwenden Sie un-
behandelte Früchte und waschen Sie sie
vorher gründlich.

• Saftflaschen zum Sterilisieren in heißer
Seifenlauge säubern und mit kochendem
Wasser abspülen. In einen großen Topf
legen und mit heißem Wasser bedecken.
Den Deckel aufsetzen, das Wasser zum
Kochen bringen und 15 Minuten kochen
lassen. Den Herd abschalten und die Flaschen bis zum Befüllen im heißen Wasser
liegen lassen. Zum Trocknen die Flaschen
umgedreht auf ein sauberes Geschirrtuch
stellen. Die Deckel 5 Minuten in kochendem Wasser oder nach Herstellerangaben
sterilisieren. Die Flaschen sollten noch
heiß befüllt und verschlossen werden.

Inhalt

Säfte und Smoothies bestechen durch eine geniale Kombination: Sie sind köstlich und gesund in einem! Perfekt, um mühelos viele wichtige Bestandteile einer ausgewogenen Ernährung aufzunehmen und das mit ganz viel Genuss. In den Rezepten dieses Buches werden Berge von Obst und Gemüse schnell und einfach verarbeitet und mit ihnen Vitamine und Mineralstoffe in rauen Mengen. Ein frisch gemixter Smoothie ist ein Fitmacher, den man sich jeden Tag selbst machen kann.

Für die wenigsten Getränke in diesem Buch brauchen Sie gleich einen **Entsafter**. Der Entsafter ist gut geeignet, wenn von einer Obst- oder Gemüsesorte nur der Saft gewonnen werden soll, aber die Zitruspresse überfordert ist. Besonders bei festeren Sorten, wie zum Beispiel bei Äpfeln oder Karotten, leistet er schnell ganze Arbeit. Der Entsafter selbst sollte nicht viel Arbeit machen, darum achten Sie beim Kauf darauf, dass er gut zu reinigen ist. Im Kapitel *Gemüsesäfte* (S. 174) kommt er optimal zum Einsatz.

Bei den grandiosen *Fruchtigen Smoothies* (S. 8) in vielen Variationen gehören Saft und Fruchtfleisch in den Drink – und das geht auch im **Standmixer** oder oft schon mit dem **Pürierstab**. Verfeinert mit aromatischen Zutaten wie Ingwer oder Kokosmilch ergeben sich unzählige Kombinationsmöglichkeiten, ganz nach Geschmack.

Und schließlich noch die gute alte **Zitruspresse**: Rezepte wie die Eiskalte *Limettenschorle* (S. 116) sind im Sommer einfach unschlagbar. Aber auch die Kaffeekreationen oder *Heiße weiße Schokolade* (S. 122) für kalte Tage kommen ohne große Gerätschaft aus. Genauso wie die leckeren Milchshakes oder die Cocktails aus *Fruchtiges mit Schwips* (S. 198), die vorwiegend im **Cocktailshaker** geschüttelt werden.

Vom frischen Drink als perfektem Start in den Tag über die hausgemachte Limonade bis zum schicken Cocktail am Abend – Säfte, Smoothies & Co bereichern nicht nur die Ernährung, sondern auch die Geschmacksknospen.

Fruchtige Smoothies

Aus Bananen und Papayas lässt sich wegen ihres festen Fruchtfleisches nur schwer Saft herstellen, aber im Mixer wird daraus ein wahrer Trinkgenuss. Wenn Ihr Mixer kein Eis zerkleinern kann, geben Sie es zum Schluss zu. Möglicherweise müssen Sie etwas Joghurt oder Wasser hinzufügen, damit die Maschine besser läuft.

Bananen-Papaya-Smoothie

1 kleine Papaya
1 Banane
ca. 6 Eiswürfel
ca. 125 ml Joghurt oder Wasser
1 EL Weizenkeime

Ergibt 2–4 Portionen

Papaya schälen, Samen entfernen und die Frucht in Stücke schneiden. Banane ebenfalls schälen und in Stücke schneiden. Papaya und Banane mit Eis und Wasser oder Joghurt in einen Mixer geben. Glatt pürieren, dann die Weizenkeime zufügen und so viel Joghurt oder Wasser dazugeben, dass die Mischung sich gießen lässt. Sofort servieren.

Varianten
Der Smoothie funktioniert auch ohne Weizenkeime und macht sich mit Heidelbeeren und Bananen ebenfalls hervorragend. Mit Eis, Joghurt und etwas Honig im Mixer pürieren.

Frisch gemahlener Leinsamen ist gut für die Haut und liefert Ballaststoffe für den gesunden Start in den Tag. Die Sesampaste Tahina enthält viel Kalzium, wichtig für Zähne, Knochen und Haare, und gesunde Fettsäuren, die die Haut von innen pflegen. Wenn Sie kein Gluten vertragen, ersetzen Sie die Haferkleie durch einen Esslöffel Sonnenblumenkerne.

Wachmacher

1 EL Leinsamen
1 kleine Mango (ca. 400 g)
1 Banane
2 EL Haferkleie
1 EL Tahina (Sesampaste)
250 ml Schafmilchjoghurt
250 ml Schafmilch

Ergibt 2 Portionen

Die Leinsamen im Mörser zerstoßen oder in der Gewürzmühle mahlen. Das Fruchtfleisch der Mango auf beiden Seiten mit dem Messer vom Stein und anschließend von der Schale lösen. Die Banane schälen und in Scheiben schneiden. Das Obst mit gemahlenem Leinsamen, Haferkleie und Tahina in den Mixer geben und 30 Sekunden pürieren. Joghurt und Milch zufügen und alles glatt pürieren.

Anders als die meisten anderen Früchte enthält Avocado viel Fett. Da es sich dabei aber um einfach ungesättigte Fettsäuren handelt, wirkt sie sich nicht ungünstig auf den Cholesterinspiegel aus. Dank ihrem hohen Gehalt an Lecithin und Mineralstoffen versorgt die Avocado das Gehirn mit wichtigen Nährstoffen. Die Minze verleiht diesem Cooler eine erfrischende Note.

Avocado-Birne-Cooler mit Minze

1 Avocado
500 ml Birnensaft
Blätter von 4 Minzezweigen
frisch gepresster Saft von 1 Limette

Ergibt 2–3 Portionen

Die Avocado halbieren und den Stein entfernen. Das Fleisch herauslöffeln, mit Birnensaft, Minze und Limettensaft in einen Mixer geben und glatt pürieren.

links Wachmacher
rechts Avocado-Birne-Cooler mit Minze

Birne-Minze-Schaum

Dieser himmlische Cooler aus süßen Birnen und erfrischender Minze passt ideal zu einem sonnigen Sommermorgen. Schmeckt am besten eiskalt.

Birne-Minze-Schaum

6 getrocknete Birnen
Blätter von 6 Minzezweigen
6 Eiswürfel

Ergibt 1 Portion

Die Birnen in ein Glas geben, mit Wasser bedecken und 4 Stunden oder über Nacht in den Kühlschrank stellen. Zum Servieren die Birnen mit der Minze in einen Mixer geben, das Einweichwasser dazugießen und zu einer schaumigen Mischung verarbeiten. Wenn gewünscht, die Eiswürfel mit den anderen Zutaten in den Mixer geben; falls der Cooler zu dick ist, Wasser zugießen.

Smoothies mit Trockenfrüchten machen das Leben einfacher, wenn in der Obstschale gähnende Leere herrscht. Die Früchte einfach in ein Glas geben, mit Wasser bedecken und über Nacht in den Kühlschrank stellen. Am nächsten Morgen sind die köstlichen, ballaststoffreichen Früchtchen bereit für den Mixer.

Frühstücks-Shake mit Aprikosen

6–8 getrocknete Aprikosen
6 Eiswürfel
Honig nach Geschmack

Ergibt 1 Portion

Die Aprikosen in ein Glas geben und mit kaltem Wasser bedecken. Etwa 4 Stunden oder über Nacht in den Kühlschrank stellen. Für die Zubereitung eventuelle Steine entfernen und die Aprikosen mit dem Einweichwasser in einen Mixer geben. Die Eiswürfel zufügen und zu einem dickflüssigen Shake verarbeiten. Abschmecken und nach Belieben etwas Honig zufügen.

Diese fruchtige Mischung ergibt einen köstlichen Smoothie mit viel Vitamin C – er
zaubert Ihnen garantiert ein Lächeln aufs
Gesicht und stärkt dabei noch Immunsystem und Verdauung!

Beeren-Bananen-Smoothie

1 Banane
200 g tiefgekühlte gemischte Beeren
250 ml Apfelsaft
2 Kugeln Beerensorbet

Ergibt 2 Portionen

Die Banane schälen und zerkleinern. Mit allen
anderen Zutaten in einen Mixer geben und glatt
pürieren.

Ein köstlicher Mix spritziger Aromen mit viel
Vitamin C. Geben Sie etwas von der weißen
Orangenhaut dazu – sie enthält nicht nur
Ballaststoffe, sondern auch Bioflavonoide,
die die Aufnahme von Vitamin C verbessern.
Wenn Sie keinen Entsafter haben, verwen-
den Sie anstelle der ganzen Früchte je
100 Milliliter Bioapfelsaft und -orangensaft.

Früchtetraum

2 Äpfel
2 Orangen
1 Banane
250 g tiefgekühlte Erdbeeren
8 Eiswürfel

Ergibt 2 Portionen

Die Äpfel vierteln, bei großen Früchten die Stücke
nochmals halbieren. Die Orangen schälen, dabei
etwas weiße Haut am Fruchtfleisch belassen, und
das Fruchtfleisch in Stücke schneiden. Äpfel und
Orangen in einen Entsafter geben und den Saft in
einen Krug füllen.
Die Banane schälen und zerkleinern. Mit Apfelsaft,
Orangensaft, Erdbeeren und Eiswürfeln in einen
Mixer geben und alles glatt pürieren.

von links nach rechts
Beeren-Bananen-Smoothie
Früchtetraum
Heidelbeer-Smoothie *(Rezept auf Seite 19)*

Beeren-Bombe

Dieser farbenfrohe, dickflüssige Saft ist randvoll mit Vitamin C, Antioxidantien und Bioflavonoiden. Cranberrysaft kann gegen Harnwegserkrankungen helfen (zum Beispiel bei Blasenentzündung), aber achten Sie beim Einkauf auf Zuckerzusätze. Wenn Sie frische Cranberrys ergattern können, geben Sie eine Handvoll in den Mixer und gießen Sie mit 250 Millilitern Apfel- statt Cranberrysaft auf.

Beeren-Bombe

125 g tiefgekühlte Heidelbeeren
125 g tiefgekühlte Himbeeren
125 g tiefgekühlte Erdbeeren
250 ml Cranberrysaft

Ergibt 2–3 Portionen

Alle Zutaten in einen Mixer geben und glatt pürieren.

Hier gehen Heidelbeeren und Cranberrysaft eine erfrischende Verbindung ein. Einfach, aber köstlich und nährstoffreich, vor allem mit zuckerfreiem Bio-Cranberrysaft, den Sie im Bioladen bekommen.

Heidelbeer-Smoothie

250 g tiefgekühlte Heidelbeeren
250 ml Cranberrysaft

Ergibt 2 Portionen

Heidelbeeren und Cranberrysaft in einen Mixer geben und glatt pürieren.

(Abbildung auf Seite 17)

Orangen sind nicht nur solo köstlich und nährstoffreich, sondern eignen sich auch hervorragend zum Verlängern teurerer Früchte wie Heidelbeeren. Ihre milde Säure unterstreicht das feine Beerenaroma.

Heidelbeeren-Orangen-Smoothie

frisch gepresster Saft von 4 Orangen
1 Schale Heidelbeeren (250 g)
Zucker nach Geschmack

Ergibt 1–2 Portionen

Den Orangensaft in einen Mixer geben, die Heidelbeeren zufügen und glatt pürieren. Nach Geschmack Zucker zufügen.

Alternative
Die Orangen schälen, die Hälfte in einen Entsafter geben, dann die Heidelbeeren und zum Schluss die restlichen Orangen entsaften.

Aprikosen haben sehr festes Fruchtfleisch und lassen sich daher besser im Mixer pürieren als entsaften. Wenn Sie dennoch einen Entsafter verwenden möchten, ziehen Sie erst die Schale ab und entsaften Sie die Aprikosen im Wechsel mit einigen Apfelstücken.

Erdbeeren-Aprikosen-Slush

8 reife Aprikosen
8 Erdbeeren
frisch gepresster Saft von 2 Orangen

Ergibt 1 Portion

Die Aprikosen entsteinen und in grobe Stücke schneiden. Die Erdbeeren entstielen und halbieren. Aprikosen, Erdbeeren und Orangensaft im Mixer glatt pürieren, dabei nach Bedarf Wasser zugießen. Wenn die Mischung zu dickflüssig ist, einige Eiswürfel zufügen und erneut pürieren.

Hinweis
Um die Aprikosen von der Haut zu befreien, Wasser in einem Topf zum Kochen bringen und die Früchte etwa 1 Minute blanchieren. Etwas abkühlen lassen und die Haut mit dem Messerrücken abziehen.

links Heidelbeeren-Orangen-Smoothie
rechts Erdbeeren-Aprikosen-Slush

Für diese fruchtige Erfrischung eignen sich rote, orangefarbene und gelbe Früchte, mit grünen Sorten wird die Bowle schnell unansehnlich. Sie schmeckt köstlich mit Mineralwasser, für eine Kinderparty können Sie jedoch auch mit Fruchtsaftschorle aufgießen. Wenn das Obst süß und reif ist, müssen Sie die Bowle vielleicht gar nicht süßen.

Sommerliche Fruchtbowle

1 reifer Pfirsich
1 reife Nektarine
2 reife Aprikosen
1 Handvoll Himbeeren
6 Eiswürfel
Mineralwasser nach Geschmack
Honig oder Zucker

Ergibt 2 Portionen

Den Pfirsich schälen, den Stein entfernen und das Fruchtfleisch in Hälften teilen. Nektarine und Aprikosen entsteinen und halbieren. Mit den Pfirsichhälften und den Himbeeren in einen Mixer geben, Eis und so viel Mineralwasser zufügen, dass die Klingen sich frei drehen können. Alles pürieren. Nach Geschmack Honig oder Zucker und so viel Wasser zufügen, bis die gewünschte Konsistenz erreicht ist. In Gläser gießen und servieren.

Dieses variable Getränk schmeckt eisge-
kühlt ebenso köstlich wie als Heißgetränk.
Bei schwacher Hitze erwärmt, wird daraus
ein nahrhaftes, stärkendes Getränk für
kühle Herbstabende.

Herbstklassiker

4 Äpfel
300 g tiefgekühlte Brombeeren
1 EL Ahornsirup oder Farinzucker
1 Prise Zimt
evtl. 6 Eiswürfel

Ergibt 2–3 Portionen

Die Äpfel in Stücke schneiden und in einen Entsafter
geben. Den Saft in einen Mixer gießen und mit den
restlichen Zutaten glatt pürieren.

Eine wahre Vitaminbombe mit einer
Extraportion Eisen. Kirschen enthalten
deutlich mehr Vitamin C als Zitrusfrüchte
und Beeren – dieser Smoothie ist also
genau das Richtige, wenn sich eine
Erkältung ankündigt. Sollten Sie keine
tiefgekühlten Kirschen bekommen,
nehmen Sie Kirschen aus dem Glas.

Kirsch-Beeren-Smoothie

300 g tiefgekühlte Kirschen ohne Stein
125 g tiefgekühlte Himbeeren
1 EL Farinzucker

Ergibt 2 Portionen

Alle Zutaten in einen Mixer geben und sehr
fein pürieren.

Kirsch-Beeren-Smoothie

Pfirsiche sind keine tropischen Früchte, aber in diesem sahnigen, himmlisch leckeren Smoothie passen sie hervorragend zur Kokosmilch. Anstelle der Pfirsiche können Sie aber auch andere Früchte wie Aprikosen, Mangos, Bananen oder Papayas verwenden.

Kokos-Pfirsich-Smoothie

4 große, reife Pfirsiche
250 ml Kokosmilch aus der Dose
einige Tropfen Vanillearoma
ca. 2 EL Zucker nach Geschmack
frisch gepresster Saft von 1 Limette
6 Eiswürfel
Limettenschale als Deko

Ergibt 2 Portionen

Pfirsiche schälen, halbieren, entsteinen und in Spalten schneiden. In einen Mixer geben, Kokosmilch, Vanillearoma, Zucker, Limettensaft und Eiswürfel zufügen und glatt pürieren. Abschmecken und noch etwas Zucker dazugeben, falls notwendig. Limettenschale in Streifen schneiden. Den Smoothie in gekühlte Gläser füllen und mit den Limettenstreifen garniert servieren.

Der Name dieses Getränks bezieht sich auf Australiens berühmtesten Strand, den Bondi Beach. Schließlich gibt es keine bessere Art, fünfe gerade sein zu lassen, als am Strand einen Fruchtshake zu schlürfen, wenn die Hitze des Tages langsam nachlässt und die Sonnenanbeter nach Hause gehen.

Frucht-Bondi

1 große Mango
1 Banane
250 ml Ananassaft
6 Eiswürfel
50 ml Himbeersirup

Ergibt 2 Portionen

Mango schälen, entsteinen und würfeln. Banane schälen und in Scheiben schneiden. Beides mit dem Ananassaft in einen Mixer geben. Die Eiswürfel zugeben und alles glatt pürieren.
Zum Servieren etwas Himbeersirup an den Wänden von zwei hohen Gläsern hinunterlaufen lassen, die Frucht-Eis-Mischung hineingießen und gut umrühren. Sofort servieren.

Diese köstliche Mischung verschiedener Aromen ist nicht nur nährstoffreich und lecker, sondern ein wahrer Jungbrunnen! Häufig hört man, Kokosmilch sei wegen ihres hohen Fettgehalts ungesund, aber tatsächlich kann die reichlich enthaltene Laurinsäure das Abnehmen fördern oder helfen, das Gewicht zu halten.

Würziger Mango-Limetten-Smoothie mit Kokosmilch

1 große Mango (ca. 550 g)
400 ml Kokosmilch aus der Dose
frisch gepresster Saft von 1 Limette
250 ml frisch gepresster Orangensaft
½ TL gemahlenes Piment

Ergibt 4 Portionen

Das Fruchtfleisch der Mango auf beiden Seiten mit dem Messer vom Stein und anschließend von der Schale lösen. Mit Kokosmilch, Limettensaft, Orangensaft und Piment in einen Mixer geben und glatt pürieren.

Erdbeeren und Mango passen wunderbar zusammen: Die duftenden Erdbeeren unterstreichen das Mango-Aroma auf besonders raffinierte Weise. Die Sojamilch verleiht diesem Smoothie eine süße Cremigkeit, die nicht nur Veganer begeistert.

Mango-Smoothie mit Erdbeeren & Sojamilch

12 große Erdbeeren
6 Eiswürfel
500 g Mangostücke, frisch oder aus der Dose
frisch gepresster Saft von 1 Zitrone
250 ml Sojamilch, bei Bedarf mehr

Ergibt 4 Portionen

Erdbeeren entstielen und halbieren. Die Eiswürfel in einen Mixer geben und fein zerkleinern. Mangostücke, Erdbeeren und Zitronensaft zufügen, Mixer einschalten und die Sojamilch bei laufendem Motor zugießen.
Sojamilch oder Wasser zugießen, bis die Mischung die Konsistenz von Kaffeesahne erreicht. In einen gekühlten Krug füllen und in hohen Gläsern servieren.

Diesen wunderbaren, leuchtend bunten Drink serviert man idealerweise vor dem Abendessen an einem lauen Sommerabend. Die Passionsfrucht sorgt für einen Hauch von Exotik.

Mango-Beeren-Spektakel

100 g tiefgekühlte gemischte Beeren, aufgetaut
1 EL Puderzucker
1 große Mango (ca. 250 g Fruchtfleisch)
1 Passionsfrucht
Eiswürfel zum Servieren
Mineralwasser zum Aufgießen

Ergibt 2 Portionen

Die Beeren in eine Schüssel geben und den Puderzucker mit einer Gabel unterrühren, dabei alles gründlich zerdrücken. 15 Minuten stehen lassen, dann durch ein feines Sieb passieren. Die Mango schälen und entsteinen. Das Mangofruchtfleisch in einem Mixer glatt pürieren. Die Passionsfrucht halbieren, das Fruchtfleisch aus der Schale löffeln und unter das Mangopüree rühren.
Einige Eiswürfel in zwei hohe Gläser geben, die Beerenmischung und das Mango-Passionsfrucht-Püree zufügen und zum Servieren mit Mineralwasser auffüllen.

Ingwer stammt aus Asien und wird in der Küche ebenso eingesetzt wie in der Medizin – sein scharfes Aroma verleiht Speisen einen besonderen Pep, während er gleichzeitig verdauungsfördernd wirkt. Auch Papaya ist gut für die Verdauung und die erfrischende Melone sorgt für die Flüssigkeitszufuhr. Trinken Sie diese Mischung nicht zum Essen, da die Melone Blähungen verursachen kann.

Verdauungstrunk mit Papaya, Melone & Birne

1 kleine Papaya (ca. 350 g)
400 g Cantaloupe-Melone
250 ml Birnensaft
frisch gepresster Saft von 1 großen
   Limette
1 TL frischer Ingwer, gerieben

Ergibt 2 Portionen

Die Papaya schälen und halbieren, die Samen herauslöffeln und wegwerfen, dann das Fruchtfleisch zerkleinern. Die Melone hacken. Papaya und Melone in einen Mixer geben und die restlichen Zutaten zufügen. Glatt pürieren.

von links nach rechts
Melone-Himbeer-Surprise,
Operation Entgiftung, Bananarama
(Rezept auf Seite 133)

Für die Überraschung sorgt in diesem Rezept das ungewöhnliche, exotische Rosenwasser. Der überaus erfrischende Morgentrunk spricht die Sinne ebenso an wie den Magen. Wassermelone kühlt und versorgt den Körper mit Flüssigkeit, während Rosenwasser die Stimmung hebt, Stress mildert und die Nerven beruhigt.

Melone-Himbeer-Surprise

1 großes Stück Wassermelone
   (ca. 1 kg)
150 g frische oder tiefgekühlte
   Himbeeren
1 EL Rosenwasser

Ergibt 3 Portionen

Die Kerne aus der Wassermelone entfernen, das Fruchtfleisch von der Schale lösen und in Stücke schneiden. Mit den Himbeeren und dem Rosenwasser in einen Mixer geben und glatt pürieren.

Nicht jeder springt morgens voller Tatendrang aus dem Bett. Viel häufiger verspüren wir ein Verlangen nach etwas Entgiftendem, vor allem nach einer wilden Nacht! Birnen wirken stark reinigend und Gurke ist so ziemlich das beste Entwässerungsmittel, das es gibt – diese Kombination spült das ganze System durch. Zusammen mit der Grapefruit, die den Körper nach übermäßigem Alkoholgenuss entgiftet, jagt sie den Kater schleunigst vom Hof.

Operation Entgiftung

4 feste, reife Birnen (ca. 650 g)
½ Salatgurke
1 kleine Grapefruit
1 Stück frischer Ingwer (ca. 5 cm)

Ergibt 2 Portionen

Birnen und Gurke in Stücke schneiden. Die Grapefruit schälen und in Spalten schneiden. Alles zusammen mit dem Ingwer in den Entsafter geben und den Saft in einen Krug füllen.

Dieser köstliche Smoothie liefert jede Menge Ballaststoffe, Vitamin C und Energie. Wenn es schnell gehen soll, können Sie die ganzen Früchte durch je 250 Milliliter Birnen- und Orangensaft ersetzen und das Ganze nur im Mixer zubereiten.

Orangen-Birnen-Bananen-Smoothie

2 Birnen
2 Orangen
1 Banane
8 Eiswürfel

Ergibt 2 Portionen

Die Birnen grob zerkleinern. Die Orangen schälen und das Fleisch in Stücke schneiden. Die Birnen- und Orangenstücke in einen Entsafter geben und den Saft in einen Mixer gießen. Die Banane schälen, in Stücke schneiden und mit den Eiswürfeln in den Mixer geben. Alles glatt pürieren.

Dank Melone, Gurke und Limette liefert dieser Muntermacher nicht nur viel Flüssigkeit, sondern entgiftet auch. Der würzige Ingwer bringt außerdem den Kreislauf in Schwung. Ingwer in jeder Form ist ein hervorragendes Mittel gegen Übelkeit.

Welcome

½ Galiamelone (ca. 1 kg)
½ Salatgurke
frisch gepresster Saft von ½ Limette
1 EL gehackter Ingwer aus dem Glas
1 EL Ingwersirup aus demselben Glas
6 Eiswürfel

Ergibt 2 Portionen

Die Melone von den Samen befreien, das Fruchtfleisch von der Schale schaben und in einen Mixer geben. Die Gurke schälen und hacken und mit den restlichen Zutaten in den Mixer geben. Alles glatt pürieren.

Welcome

Wie alle Beeren enthalten auch Himbeeren viele wertvolle Antioxidantien. Tiefgekühlte Himbeeren eignen sich gut für Säfte und sind häufig auch wesentlich preiswerter als frische. Litschisaft wird traditionell gegen Husten und Magengeschwüre getrunken. Verwenden Sie möglichst Litschis im eigenen Saft.

Chinesische Blüte

200 g tiefgekühlte Himbeeren
565 g Litschis aus der Dose,
    abgetropft und ohne Samen
250 ml Apfelsaft

Ergibt 2 Portionen

Alle Zutaten in einen Mixer geben und glatt pürieren.

Dieser Fruchtcocktail fördert wirkungsvoll die Verdauung. Am besten genießen Sie ihn eine halbe Stunde vor dem Essen oder als erfrischendes, kühlendes Getränk an einem heißen Sommertag. Hilft hervorragend gegen Morgenübelkeit in der Schwangerschaft oder allgemeinen Brechreiz, weil der Ingwer die Zersetzung unverdauter Nahrung fördert und Übelkeit unterdrückt.

Ananas-Ingwer-Slush mit Minze

1 TL frischer Ingwer
½ kleine Ananas (ca. 850 g)
Blätter von 2 frischen Minzezweigen
8 Eiswürfel

Ergibt 2 Portionen

Den Ingwer schälen und reiben. Die Ananas schälen und den harten Strunk in der Mitte entfernen. Das Fleisch grob hacken und mit Ingwer, Minze und Eis in den Mixer geben. Alles glatt pürieren.

Die köstlichen Steinfrüchte in diesem Rezept kauft man am besten, wenn sie Saison haben, weil sie dann am besten schmecken und am meisten Nährstoffe enthalten. Sie sind reich an Antioxidantien und Vitamin C, vor allem in Verbindung mit Orangensaft. Dieser Smoothie kann gegen Blutarmut helfen und Erkältungen vorbeugen.

Wunder-Bar

1 Pfirsich
1 Pflaume
2 Aprikosen
125 ml frisch gepresster Orangensaft
8 Eiswürfel

Ergibt 2 Portionen

Pfirsich, Pflaume und Aprikosen halbieren und die Steine entfernen. Das Fleisch grob hacken, mit Orangensaft und Eis in einen Mixer geben und alles glatt pürieren.

links Ananas-Ingwer-Slush mit Minze
rechts Wunder-Bar

Dieser herrlich fruchtige Smoothie ist dem Scherbet nachempfunden, einem köstlichen gesüßten Fruchtgetränk, das von Persien bis ins maurische Spanien und vom Heiligen Land bis ins indische Mogulreich an den Höfen muslimischer Herrscher serviert wurde. Das Wort „Sorbet" leitet sich von diesem Getränk her.

Ananas-Ingwer-Smoothie

frischer Ingwer (ca. 2,5 cm)
1 Ananas
Zucker oder Zuckersirup nach Geschmack
Eiswürfel

Ergibt 4 Portionen

Den Ingwer schälen, reiben und in einen Mixer geben. Die Ananas von Schale und Strunk befreien und in Stücke schneiden. Die Ananasstücke zu dem Ingwer in den Mixer geben und glatt pürieren, dabei bei Bedarf portionsweise vorgehen und so viel kaltes Wasser zugießen, dass die Klingen sich frei drehen können. Abschmecken und nach Geschmack Zucker oder Zuckersirup zufügen. Einen Krug zur Hälfte mit Eiswürfeln füllen, die Ananasmischung darübergießen, umrühren und servieren.

Alternative
Etwa zehn Eiswürfel zusammen mit Ingwer und Ananas in den Mixer geben.

Eine köstliche Kombination tropischer Aromen. Eine reife Ananas erkennen Sie daran, dass sich die äußeren Blätter leicht abziehen lassen. Bei der Passionsfrucht gilt: Je runzliger die Schale, desto reifer das Fleisch. 8 große Passionsfrüchte ergeben etwa 250 Milliliter Püree.

Herzhafte Zutaten wie die Sesampaste Tahina in einem Smoothie wirken vielleicht verwunderlich, aber der Geschmack überzeugt jeden Zweifler. Tahina liefert reichlich Kalzium.

Ananas-Passionsfrucht-Shake mit Sojamilch

½ Ananas
250 ml Passionsfruchtpüree
250 ml Sojamilch
4 Kugeln Sojaeiscreme mit
  Vanillegeschmack

Ergibt 3 Portionen

Die Ananas schälen, den harten Strunk in der Mitte entfernen und das Fleisch in Stücke schneiden. Mit Passionsfruchtpüree, Sojamilch und Eiscreme in einen Mixer geben und glatt pürieren.

Bananen-Sesam-Smoothie mit Sojamilch

1 Banane
2 EL Tahina (Sesampaste)
2 EL Ahornsirup
300 ml Sojamilch
250 ml Sojajoghurt

Ergibt 2 Portionen

Die Banane schälen, in Stücke schneiden und mit den restlichen Zutaten in einen Mixer geben. Alles glatt pürieren.

links Ananas-Passionsfrucht-Shake mit Sojamilch
rechts Bananen-Sesam-Smoothie mit Sojamilch

Wenn Sie Sojamilch kaufen, achten Sie Immer auf die Packungsangaben. Viele Nährstoffe in der Sojabohne werden bei der Weiterverarbeitung zu Sojamilch zerstört, daher setzen die meisten Hersteller ihren Produkten künstliche Vitamine, etwa Vitamin B_{12}, sowie Kalzium zu. Kaufen Sie Bio-Sojamilch ohne Zucker, Süßstoffe oder zugesetzte Pflanzenfette.

Himbeer-Smoothie mit Sojamilch

150 g Himbeeren
ca. 500 ml Sojamilch
12 Eiswürfel
Honig nach Geschmack

Ergibt 4 Portionen

Himbeeren*, Sojamilch und Eiswürfel in einen Mixer geben und schaumig pürieren. Den Honig separat servieren, damit jeder nach eigenem Geschmack süßen kann.

* Als Dekoration können Sie einige Himbeeren beiseitelegen und vor dem Servieren auf die Gläser verteilen.

So zaubern Sie aus einer einzigen Mango ein ganzes Glas voll Fruchtgenuss! Sie können die Mischung auch in Eisförmchen füllen und später als Eis am Stiel genießen.

Erdbeer-Slush mit Mango

1 reife Mango oder 1 kleine Dose
   ungesüßte Mangostücke
6 große Erdbeeren
abgeriebene Schale und frisch gepresster
   Saft von 1 Limette
6 Eiswürfel
Mineralwasser
Honig oder Zucker nach Geschmack

Ergibt 1–2 Portionen

Die Mango schälen, das Fruchtfleisch vom Stein trennen, in Stücke schneiden und in einen Mixer geben. Erdbeeren entstielen und halbieren. Limetten-schale und -saft, Erdbeeren und Eiswürfel zu den Mangostücken geben und alles zu einer schaumigen Mischung pürieren, dabei so viel Mineralwasser zufügen, dass die Klingen sich frei drehen können und die Mischung die gewünschte Konsistenz erreicht. Nach Wunsch Honig oder Zucker unterrühren und servieren.

Erdbeer-Smoothie mit Limette & Minze

Der ideale Smoothie, um sich selbst einmal so richtig zu verwöhnen. Eine Schale Erdbeeren reicht etwa zwei Tage – oder einen, wenn Sie großherzig genug sind, den Smoothie noch für jemand anderen zuzubereiten.

Erdbeer-Smoothie mit Limette & Minze

4–6 Eiswürfel
6 große, reife Erdbeeren
frisch gepresster Saft von 1 Limette
6 frische Minzeblätter
Honig oder Zucker nach Geschmack
1 Minzezweig zum Servieren

Ergibt 1 Portion

Die Eiswürfel in einen Mixer geben und fein zerkleinern. Erdbeeren entstielen, zufügen und alles glatt pürieren.
Limettensaft, Minze und nach Wunsch Zucker oder Honig zufügen. Erneut pürieren und mit einem Minzezweig garniert servieren.

Tipp
Waschen Sie die Erdbeeren immer *vor* dem Entstielen, sonst saugen sie sich mit Wasser voll.

Achten Sie bei der Auswahl von Mangos darauf, dass sie auf Druck leicht nachgeben, ohne sich matschig anzufühlen, und einen kräftigen Duft verströmen. Wenn Sie welche finden, nehmen Sie Alphonso-Mangos aus Indien – sie sind einfach köstlich. Besser als mit tiefgekühlten schmeckt dieser Smoothie mit frischen Erdbeeren, die das herrlich süße Mango-Aroma ideal ergänzen.

Köstlicher Mango-Erdbeer-Smoothie

2 Mangos
250 g Erdbeeren
Eiswürfel zum Servieren

Ergibt 2 Portionen

Das Fruchtfleisch der Mangos auf beiden Seiten mit dem Messer vom Stein und anschließend von der Schale lösen und in einen Mixer geben. Die Frdbeeren entstielen, zur Mango geben und alles glatt pürieren. Auf Eis servieren.

(Abbildung auf Seite 57)

Guave enthält mehr Vitamin C als die meisten Zitrusfrüchte und ist außerdem eine gute Quelle für Vitamin A und B. Sie können diesen Smoothie auch ohne Mixer herstellen, indem Sie die Eiswürfel in einer Eismühle zerkleinern oder sie in einen Gefrierbeutel geben und mit einer Teigrolle klein klopfen. Mischen Sie anschließend die Säfte mit dem zerstoßenen Eis.

Erfrischender Guave-Apfel-Smoothie

4 Äpfel
250 g Erdbeeren
200 ml Guavenektar
12 Eiswürfel

Ergibt 2–3 Portionen

Die Äpfel in Stücke schneiden und die Erdbeeren entstielen. Apfelstücke und Erdbeeren in den Entsafter geben. Den Saft in einen Mixer gießen und Guavenektar und Eis zufügen. Alles glatt pürieren.

Der Grapefruitsaft in diesem wohltuenden Eisgetränk steigert nachweislich die Produktion und Aktivität von entgiftenden Leberenzymen. Für eine Extraportion Bioflavonoide entfernen Sie nicht die gesamte weiße Haut an der Grapefruit, das verbessert die Vitamin-C-Aufnahme. Wenn Sie keinen Entsafter haben, ersetzen Sie die Grapefruits durch 300 Milliliter frisch gepressten Grapefruitsaft.

Cranberry-Grapefruit-Slush

3 Grapefruits, rosé
300 ml Cranberrysaft
4 Kugeln Himbeersorbet

Ergibt 2 Portionen

Die Grapefruits schälen, dabei einen Teil der weißen Haut nicht entfernen, das Fleisch in Stücke schneiden und in einen Entsafter geben. Den Saft in einen Mixer gießen, Cranberrysaft und Sorbet zufügen und alles glatt pürieren.
In einen flachen, tiefkühlgeeigneten Behälter füllen und 4 Stunden in den Gefrierschrank stellen. Wieder in den Mixer geben und zu einer weichen Masse verarbeiten.

von links nach rechts
Cranberry-Grapefruit-Slush
Erfrischender Guave-Apfel-Smoothie
Köstlicher Mango-Erdbeer-Smoothie
(Rezept auf Seite 55)

Die Früchte für diesen Smoothie mit tropischem Touch können Sie ganz nach Belieben aus den schönsten Exemplaren an den Obstständen zusammenstellen. Sternfrüchte, Litschis, Melonen jeder Art oder die tropische Netzannone – alles ist erlaubt. Achten Sie jedoch auf die Farben: Rot und Grün ergeben zusammen ein unappetitliches Grau.

Tropischer Smoothie

2 Limetten
6 Erdbeeren
1 kleine Ananas
¼ Wassermelone
1 Netzannone (Ochsenherz)
2 Bananen
10 Eiswürfel

weitere Früchte nach Belieben, z. B. 6 Litschis aus der Dose ohne Kern, abgetropft
Beeren, z. B. Himbeeren oder rote Johannisbeeren
Zucker nach Geschmack

Ergibt 4–6 Portionen

Eine der Limetten in dünne Scheiben schneiden und beiseitelegen. Von der anderen die Schale abreiben und den Saft auspressen. Erdbeeren entstielen. Die Ananas schälen, den Strunk entfernen und das Fruchtfleisch in Stücke schneiden. Wassermelone und Netzannone von Samen und Schale befreien. Bananen schälen und in Scheiben schneiden.
Die Eiswürfel in einen Mixer geben und fein zerkleinern. Alle vorbereiteten Früchte zufügen (portionsweise, falls erforderlich) und glatt pürieren. Limettenschale und -saft ergänzen und erneut pürieren. Zucker nach Geschmack zufügen und in gekühlten Gläsern mit den Limettenscheiben servieren.

Fruchtsäfte & Coolers

Diese leckeren Granitas können Sie aus jedem Ihrer Lieblingssäfte herstellen, pur oder gemischt. Dickflüssige Säfte wie Birne, Pfirsich und Aprikose eignen sich besonders gut. Servieren Sie die Granitas direkt nach dem Zerkleinern – sie schmelzen schnell.

Fruchtsaft-Granitas

**1½ l Fruchtsaft oder Fruchtpüree nach Wahl,
z. B. Mango-, Cranberry- oder Apfelsaft
oder Birnennektar
Zucker nach Geschmack**

Ergibt 4 Portionen

Dem Saft Zucker zufügen, bis er etwas süßer ist, als Sie ihn gerne trinken (beim Einfrieren geht Süße verloren). Eiswürfelbehälter mit dem Fruchtsaft füllen und in den Gefrierschrank stellen.
Zum Servieren die Eiswürfel in vier kleine Schüsseln geben und mit einer Gabel zerdrücken – die Konsistenz soll eher zerstoßenem Eis ähneln als Eiscreme. In kleinen Gläsern mit Löffeln servieren.

Fenchel lässt sich nur schwer und nur mit einem leistungsstarken Gerät entsaften. Sie können ihn auch hacken, mit Apfelsaft in einem Mixer pürieren und dann abseihen. Eine knackige, süße rote Apfelsorte wie Red Delicious verleiht dem Saft einen herrlichen Rosaton. Entfernen Sie bei Äpfeln und Birnen stets die Stiele, weil sich dort Pestizide und Rückstände sammeln.

Apfelsaft mit Fenchel

1 Fenchelknolle
2 Äpfel
Saft von ½ Zitrone nach Geschmack

Ergibt 1–2 Portionen

Das Fenchelgrün von der Knolle schneiden (einige Stängel beiseitelegen), das Wurzelende abschneiden, die Knolle längs in Spalten schneiden und den harten Kern aus den Spalten heraustrennen. Die Äpfel ohne Kerngehäuse, aber mit Schale in Spalten schneiden. Äpfel und Fenchel in den Entsafter geben.
Den Zitronensaft unterrühren, damit sich der Saft nicht verfärbt, mit dem beiseitegelegten Fenchelgrün dekorieren und sofort servieren.

Verwenden Sie für dieses Rezept am besten Kochäpfel – sie werden beim Kochen zu köstlichem Schaum mit Apfelaroma. Wenn es einmal ganz schnell gehen muss, frischen Apfelsaft verwenden, den Zucker weglassen, den frisch gepressten Zitronensaft zufügen und mit sprudelndem Mineralwasser auffüllen.

Apfellimonade

2–3 Kochäpfel
Zucker nach Geschmack
frisch gepresster Saft von 1 Zitrone
Mineralwasser zum Auffüllen
Eiswürfel zum Servieren

Ergibt 4 Portionen

Die Äpfel ungeschält in kleine Stücke schneiden und in einen Topf geben, mit kaltem Wasser bedecken, zum Kochen bringen und köcheln lassen, bis sie weich sind. Abseihen, dabei das Fruchtfleisch mit einem Löffel durch das Sieb drücken. Zucker nach Geschmack zufügen, umrühren, bis er sich gelöst hat, und den Saft abkühlen lassen.
Zum Servieren Eis in einen Krug geben, diesen zur Hälfte mit Apfelsaft füllen, den Zitronensaft zufügen und mit Mineralwasser aufgießen.

Dieser Saft lässt sich aus jeder Apfelsorte herstellen, aber ungeschälte Granny Smith ergeben das schönste Grün. Den Ingwer können Sie auch weglassen (schmeckt aber wirklich köstlich!) und die Minzeblätter lassen das Grün leuchten. Der Limettensaft verhindert, dass der Apfelsaft schnell braun wird, aber er sollte trotzdem sofort getrunken werden – damit alle guten Eigenschaften eines frisch gepressten Safts erhalten bleiben.

Apfelsaft mit Minze & Ingwer

4 Äpfel (Granny Smith)
1 Stück frischer Ingwer nach Geschmack
4–8 frische Minzezweige
1 EL frisch gepresster Limettensaft nach
**   Geschmack**

Ergibt 1 Portion

Die Äpfel ohne Kerngehäuse, aber mit Schale in große Stücke schneiden. Ingwer schälen und in Scheiben schneiden. Die Hälfte der Äpfel in den Entsafter geben, gefolgt von Minze, Ingwer und Limettensaft, falls verwendet. Zum Schluss die restlichen Äpfel entsaften und alles sofort servieren.

Variante
Gefrorene Apfel-Margarita 250 Milliliter zerstoßenes Eis in einen Mixer geben, den Saft zufügen und alles schaumig pürieren. Die Margarita ist fertig, wenn das Motorengeräusch sich verändert – dann ist die Mischung von den Klingen weg nach oben gestiegen.

Dieses Getränk passt ideal zu einem festlichen Brunch. Die Menge an Limettensaft und Zucker können Sie ganz nach persönlichem Geschmack variieren. Einige Gäste mögen die Limonade sicher gern im Caipirinha-Stil mit einem Schuss Cachaça, aber auch ohne Alkohol erfrischt und belebt sie zu jeder Tageszeit.

Basilikum-Limetten-Limonade

225 ml frisch gepresster Saft von
10 Limetten
75 g heller Farinzucker/brauner Zucker
1 Handvoll Basilikumblätter (ca. 20 g)
2 Handvoll Eiswürfel
250 ml Mineralwasser

Ergibt 4–6 Portionen

Vor der Zubereitung die Gläser 1 Stunde in den Gefrierschrank stellen.
Limettensaft, Zucker und Basilikum in einen Mixer geben und glatt pürieren. Das Eis zufügen und kurz zerkleinern. In die gekühlten Gläser füllen und mit Mineralwasser aufgießen.

Ein Glas kalte, hausgemachte Limonade an einem brütend heißen Sommertag beschwört Bilder aus amerikanischen Kostümfilmen herauf – man sieht förmlich die weißen Musselinkleider und die Gurkensandwichs. Frische Limonade aus unbehandelten Früchten ist schnell gemacht und wenn Sie den Zitronensirup im Kühlschrank aufbewahren, haben Sie immer etwas Erfrischendes parat – einfach mit Mineralwasser auffüllen.

Frische hausgemachte Limonade

dünn abgeschnittene Schale und frisch gepresster Saft von 6 großen Zitronen
175 g Zucker

gekühltes Mineralwasser zum Verdünnen
Eiswürfel, frische Zitronenscheiben und frische Minzezweige zum Servieren

Ergibt 6–8 Portionen

Zitronenschale, Zucker und 625 Milliliter Wasser in einem Topf (nicht aus Aluminium) langsam zum Köcheln bringen, dabei umrühren, bis der Zucker sich aufgelöst hat. Den Topf vom Herd nehmen, wenn der Sirup blasen wirft, den Deckel halb aufsetzen und die Mischung abkühlen lassen. Den Zitronensaft unter den kalten Sirup rühren, alles in eine Schüssel oder einen Krug abseihen, abdecken und kalt stellen. In einem Glaskrug mit Eiswürfeln, Zitronenscheiben und Minzezweigen servieren, dabei den Sirup im Verhältnis 1:1 mit gekühltem Mineralwasser verdünnen.

Variante
Safran verleiht der Limonade einen spektakulären Goldton und ein interessantes Aroma. Einfach eine Prise Safranfäden in den warmen Sirup geben.

Dieser erfrischende Cooler ist genau das Richtige, wenn es sehr heiß ist oder Sie einen schnellen Muntermacher brauchen. Er steckt randvoll mit Vitamin C, einem der wichtigsten Nährstoffe für das Immunsystem.

Zitrus-Fizz

5 Orangen
1 Grapefruit (rot oder rosé)
½ Zitrone
2 große Kugeln Zitronensorbet
gekühltes Mineralwasser zum
   Auffüllen

Ergibt 2 Portionen

Die Orangen und Grapefruit waagerecht halbieren. Mit einer Zitruspresse oder einem Zitronenentsafter den Saft aus den Orangen und der Grapefruit pressen. Durch ein Sieb in zwei hohe Gläser abseihen und jeweils einen Spritzer Zitronensaft aus der halben Zitrone zufügen.
In jedes Glas eine Kugel Zitronensorbet geben und mit gekühltem Mineralwasser auffüllen. Mit einem langstieligen Löffel servieren.

Alle drei hier verwendeten Obstsorten enthalten viel Vitamin C. Vitamin C soll gegen Zahnfleischerkrankungen helfen, den Körper vor Krebs, Herzerkrankungen, Erkältungen und Grippe schützen sowie Stress verringern. Es soll sogar der Haut guttun und den Alterungsprozess verzögern. Die weiße Haut von Zitrusfrüchten enthält viele Antioxidantien, Sie sollten also einen Teil davon mitverarbeiten.

Vitamin-C-Bombe

6 Orangen
3 Grapefruits, rosé
500 g Erdbeeren
Eiswürfel zum Servieren

Ergibt 3–4 Portionen

Orangen und Grapefruits schälen und in Stücke schneiden, dabei einen Teil der weißen Haut intakt lassen (siehe oben). Die Erdbeeren entstielen und alle Früchte in einen Entsafter geben. Den Saft in einen Krug füllen und auf Eis servieren.

Der Pussyfoot gehört zu den leckersten alkoholfreien Cocktails überhaupt und ist daher besonders bei Autofahrern und Schwangeren so beliebt. Verwenden Sie unbedingt frisch gepresste Säfte. Wenn Sie schwanger sind oder zu einer anderen Risikogruppe gehören, lassen Sie das Eigelb weg – es macht keinen großen Unterschied, Sie können stattdessen auch einen Esslöffel Sahne unterrühren.

Pussyfoot

50 ml frisch gepresster Orangensaft
2 EL frisch gepresster Zitronensaft
2 EL frisch gepresster Limettensaft
1–2 EL Grenadine
1 Eigelb oder 1 EL Sahne
Eiswürfel

Ergibt 1 Portion

Orangen-, Zitronen- und Limettensaft, Grenadine und Eigelb oder Sahne in einen zur Hälfte mit Eiswürfeln gefüllten Shaker gießen. Kräftig schütteln und in ein Glas mit Eiswürfeln abseihen.

Variante
Mit einem Schuss Mineralwasser oder Limonade wird daraus ein sprudelnder Partydrink.

Aus diesen Sommerfrüchten, die inzwischen das ganze Jahr über erhältlich sind, wird ein besonders köstliches, erfrischendes Getränk. Ideal zum Frühstück anstelle von Tee oder Kaffee.

Dieser reine, frische, nährstoffreiche Saftcocktail schmeckt besonders zum Frühstück köstlich. Erfrischt am besten eiskalt.

Melonen-Erdbeer-Saft

1 Melone, z. B. Cantaloupe- oder
  Honigmelone
1 kleine Schale Erdbeeren (250 g)
frisch gepresster Saft von 2 Limetten
8 Eiswürfel zzgl. Eiswürfel zum
  Servieren

Ergibt 4 Portionen

Die Melone von Schale und Samen befreien. Erdbeeren entstielen. Das Melonenfruchtfleisch in kleine Stücke schneiden und mit den Erdbeeren, dem Limettensaft und dem Eis in einen Mixer geben. Glatt pürieren und in einen großen, gekühlten Krug gießen. Auf Eis servieren.

Superkräfte-Saft

1 frische Ananas oder 400 g
  Ananasstücke aus der Dose im
  eigenen Saft
3 große Bananen
200 ml Cranberrysaft
8 Eiswürfel

Ergibt 4 Portionen

Von der frischen Ananas die Enden abschneiden, schälen und alle dunklen, stachligen Stücke entfernen. Die Ananas längs vierteln und den Strunk von jedem Viertel abschneiden. Das Fruchtfleisch hacken und in einen großen Krug geben.
Die Bananen schälen und in Scheiben schneiden. Bananen, Cranberrysaft und Eis zur Ananas geben und mit einem Stabmixer pürieren, bis keine Klumpen mehr zu sehen sind. In gekühlten Gläsern servieren.

links Superkräfte-Saft
rechts Melonen-Erdbeer-Saft

links Cranberry-Cooler
rechts St. Clement's

Es gibt eine einfache Wahrheit: Nur ein Cranberry-Cooler, eiskalt serviert und im richtigen Verhältnis, kommt fast an eine perfekte Limonade heran!

Cranberry-Cooler

250 ml Mineralwasser
250 ml Cranberrysaft
frisch gepresster Limettensaft nach
   Geschmack
zerstoßenes Eis zum Servieren

Ergibt 2 Portionen

Zwei hohe Gläser mit zerstoßenem Eis füllen. Zu gleichen Teilen Mineralwasser und Cranberrysaft hineingießen. Nach Geschmack ein bis zwei Spritzer Limettensaft zufügen und servieren.

Dieses erfrischende, sommerliche Zitrusgetränk verdankt seinen Namen einem englischen Kinderreim: „Oranges and Lemons said the bells of St. Clement's" („Orangen und Zitronen, riefen die Glocken von St. Clement's").

St. Clement's

250 ml Bitter Lemon
250 ml frisch gepresster Orangensaft
Zitronenscheiben zum Garnieren
Eiswürfel zum Servieren

Ergibt 2 Portionen

Zwei hohe Gläser mit Eiswürfeln füllen. Zu gleichen Teilen Bitter Lemon und Orangensaft hineingießen. Vorsichtig umrühren, jedes Glas mit einer Zitronenscheibe garnieren und servieren.

Dieses alkoholfreie Erfrischungsgetränk ist eine Abwandlung des Sea Breeze, eines klassischen Cocktails aus Cranberrysaft, Grapefruitsaft und Wodka (siehe Seite 226). Der Cranberrysaft wurde hier zu Eiswürfeln gefroren. Originell und spritzig!

Sea Freeze

300 ml Cranberrysaft
400 ml frisch gepresster
  Grapefruitsaft
hausgemachte Limonade
  zum Auffüllen
Limettenscheiben zum Garnieren

Ergibt 2 Portionen

Den Cranberrysaft in einen Eiswürfelbehälter mit zwölf Vertiefungen gießen und mindestens 4 Stunden ins Gefrierfach legen.
Die Eiswürfel auf zwei hohe Gläser verteilen und den Grapefruitsaft zugießen. Mit Limonade auffüllen, mit je einer Limettenscheibe garnieren und servieren.

Die Beeren-Eiswürfel machen dieses Getränk zu einem ausgefallenen Partydrink. Bereiten Sie es in einem großen Krug zu und lassen Sie es vor dem Servieren 10 Minuten stehen – so beginnen die Eiswürfel zu schmelzen und der Beerensaft färbt das Getränk zartrosa.

Holunder-Beeren-Drink

150 g gemischte Beeren,
   z. B. Himbeeren, entstielte
   Erdbeeren und Heidelbeeren
125 ml Holunderblütensirup
Mineralwasser zum Aufgießen
Holunderblüten zum Garnieren

Ergibt 4 Portionen

Die Beeren auf die Vertiefungen in einem Eiswürfelbehälter verteilen und mit stillem Wasser aufgießen. 2 Stunden in den Gefrierschrank legen, bis die Würfel hart gefroren sind.
Die Eiswürfel aus dem Behälter lösen und in einen großen Krug oder in vier hohe Gläser geben. Den Holunderblütensirup zugießen. Mit Mineralwasser aufgießen, mit einigen Holunderblüten garnieren und servieren.

Eistee ist ein typisches Erfrischungsgetränk in Louisiana. Er wird in hohen, eleganten Gläsern serviert und passt hervorragend zu den großzügigen Häusern im Kolonialstil, wie man sie in diesem Teil der USA überall findet. Die Aprikosen können auch durch frische Pfirsiche oder Nektarinen ersetzt werden.

Louisiana-Eistee

4 Teebeutel Orange Pekoe
2 frische Rosmarinzweige zzgl.
   Zweige zum Garnieren
6 frische Aprikosen
300 ml Aprikosennektar
Mineralwasser zum Aufgießen
Eiswürfel zum Servieren

Ergibt 6 Portionen

Teebeutel und Rosmarin in einen hitzefesten Krug geben und 1 Liter heißes, nicht mehr kochendes Wasser hineingießen. 10 Minuten ziehen lassen, dann die Teebeutel herausnehmen. Nach 1 Stunde auch den Rosmarin entfernen.
Die Aprikosen halbieren, entsteinen und in Spalten schneiden. Aprikosennektar, Aprikosen und Eiswürfel in den Tee geben, umrühren und den Eistee in hohe Gläser verteilen. Jedes Glas mit Mineralwasser aufgießen und mit einem Rosmarinzweig garnieren.

Ein erlesener Eistee voller zarter, exotischer Aromen. Wenn Sie frische Litschis ergattern können, verwenden Sie diese und süßen Sie mit etwas Honig, sonst geht es auch mit Litschis aus der Dose in dünnem Sirup.

Jasmin-Litschi-Eistee

1 EL Jasminteeblätter
2 Sternanisfrüchte, leicht angedrückt
400 g frische Litschis oder Litschis aus der
   Dose in Sirup
Honig nach Geschmack
klare Zitronenlimonade zum Aufgießen
Eiswürfel, Limettenspalten frische
   Minzezweige zum Servieren

Ergibt 6 Portionen

Die Teeblätter in eine angewärmte Teekanne geben und mit 1 Liter heißem, nicht mehr kochenden Wasser übergießen. 5 Minuten ziehen lassen, dann den Tee in einen sauberen Krug abseihen. Sternanis zufügen und abkühlen lassen.
Sechs hohe Gläser zur Hälfte mit Eis füllen und in jedes drei Litschis und 2 Esslöffel Litschisirup oder Honig nach Geschmack geben. Zum Servieren einige Limettenspalten und Minzezweige in die Gläser geben und mit Limonade auffüllen.

Jasmin-Litschi-Eistee

Alle vier Melonensorten in diesem Getränk sind sehr kräftig im Geschmack. Eine köstliche Erfrischung für jeden Sommer-Brunch! Melonen haben ein zartes, flüchtiges Aroma und eine angenehme Konsistenz. Da Melone und Ingwer hervorragend zusammenpassen, schmeckt der Drink mit einer Prise gemahlenem Ingwer oder einem Spritzer frischem Ingwersaft noch besser.

Melonenschaum

1–2 Melonen, z. B. orangefarbene
    Cantaloupe- oder Charentais-
    Melone oder grüne Galia- oder
    Honigmelone
etwa 1 Prise gemahlener Ingwer oder
    1 Spritzer Ingwersirup nach
    Geschmack

Ergibt 1–2 Portionen

Die Melonen halbieren, Samen und Sale entfernen und das Fruchtfleisch in den Entsafter geben. Falls gewünscht, die verschiedenfarbigen Säfte schichtweise in Gläser laufen lassen, oder getrennt servieren. Den Ingwer separat reichen.

Melone und Ingwer passen von Natur aus gut zusammen. Melonen mit orangefarbenem Fruchtfleisch sind reicher an Vitamin C und Betacarotinen als andere Sorten; Ingwer ist außerdem für seine Wirkung gegen Übelkeit bekannt und viele Menschen vertragen Melone besser als andere Früchte, wenn ihnen etwas flau im Magen ist.

Melonen-Ingwer-Muntermacher

1 Stück frischer Ingwer (ca. 2 cm)
1 Cantaloupe-Melone

Ergibt 2 Portionen

Ingwer schälen. Das Fruchtfleisch der Melone von der Schale und den Samen trennen und in dünne Spalten schneiden. Ingwer und Melonenspalten in einen Entsafter geben, den Saft umrühren und in zwei Gläser gießen.

Variante
Die Melone durch eine kleine Ananas ersetzen. Die Ananas von Strunk und Schale befreien und in Spalten schneiden. Mit dem Ingwer in den Entsafter geben und den Saft vor dem Servieren umrühren.

Für dieses Rezept können Sie Nektarinen oder Pfirsiche verwenden. Beide Früchte geben dem Getränk eine sämige Konsistenz und sorgen für eine wertvolle Extraportion Vitamin C.

Pfirsich-Orangen-Drink

5 reife Pfirsiche oder Nektarinen
3 Orangen
Eiswürfel zum Servieren

Ergibt 2 Portionen

Die Pfirsiche oder Nektarinen entsteinen, vierteln und in einen Entsafter geben.
Mit einer Zitruspresse oder einem Zitronenentsafter die Orangen auspressen. Pfirsich- oder Nektarinensaft und Orangensaft verrühren und in zwei Gläser gießen. Falls gewünscht, Eis zufügen.

Pfirsich-Orangen-Drink

Diese köstliche Saftkomposition ist ein großartiger Start in den Tag – der Ingwer verleiht ihr eine überraschend warme, lebhafte Note. Kiwis enthalten viel Vitamin C und für einen grünen, pfeffrigen Akzent können Sie noch etwas Brunnenkresse oder Rucola dazugeben. Säfte und Smoothies schmecken viel besser, wenn die Frucht nur gerade eben reif ist; mit überreifen Früchten wirken sie fade.

Birnen-Apfel-Saft mit frischem Ingwer

1 Birne
1 Apfel
1 Stück Ingwer (ca. 2,5 cm)
2 nicht allzu reife Kiwis

Ergibt 1 Portion

Birne, Apfel und Ingwer schälen. Die Kerngehäuse von Birne und Apfel entfernen und die Früchte in Spalten schneiden. Die Kiwis schälen und vierteln. Die Birne zuerst in den Entsafter geben, anschließend den Ingwer, dann die Kiwis und schließlich den Apfel. Den Saft vor dem Servieren gut umrühren, weil sich die Bestandteile sonst voneinander trennen. Möglichst umgehend trinken.

Variante
Alle vorbereiteten Früchte und den Ingwer mit 150 Gramm Naturjoghurt in einen Mixer geben. Glatt pürieren und nach Geschmack einen Spritzer Zitronensaft oder etwas Salz zufügen.

Schon gekaufter Birnensaft ist köstlich – aber frisch gepresster, vor allem auf Eis, schmeckt einfach überirdisch gut. Zwischen Birne und Ingwer scheint außerdem eine besonders innige Verbindung zu bestehen. Birnen sollten an dem Tag gegessen werden, an dem sie reif werden – lässt man sie länger liegen, wird die Konsistenz teigig. Der Entsafter ist da oft die einzige Rettung.

Birnensaft mit Ingwer

2–3 Birnen
1 Stück frischer Ingwer
Eiswürfel zum Servieren

Ergibt 1 Portion

Die Birnen vierteln und die Kerngehäuse entfernen. Den Ingwer schälen und in Scheiben schneiden. Eine Birne in den Entsafter geben, dann den Ingwer und danach die restlichen Birnenviertel. Den Saft sofort auf Eis servieren.

links Granatapfel-Orange-Sunrise
rechts agua fresca mit Ananas & Minze

Die erfrischende agua fresca trinkt man überall in Mexiko. Der Name bedeutet wörtlich „kaltes Wasser". Eine agua fresca besteht aus einer beliebigen Frucht mit Eis, Zucker und Wasser. An einem heißen Tag soll sie kühlen und für ausreichende Flüssigkeitszufuhr sorgen. Sie können das Getränk als reinen Fruchtsaft mit Eis servieren oder mit Mineralwasser aufgießen.

agua fresca mit Ananas & Minze

100 g Kristallzucker
1 kleine Ananas (ca. 700 g)
1 kleine Handvoll frische Minzeblätter
   zzgl. Blätter zum Servieren
Eiswürfel zum Servieren
ca. 600 ml gekühltes Mineralwasser

Ergibt 4–8 Portionen

Den Zucker und 100 Milliliter Wasser in einen Topf geben und sanft erhitzen, bis der Zucker sich gelöst hat. Vom Herd nehmen und abkühlen lassen. Währenddessen die Ananas von Strunk und Schale befreien und grob zerkleinern. Die Ananasstücke mit der Minze und dem abgekühlten Sirup in einen Mixer geben und glatt pürieren. Auf vier Tumbler mit Eis darin verteilen oder in acht hohe Gläser geben und mit Eis und Mineralwasser auffüllen.

In dieser Abwandlung des bekannten Cocktails Tequila Sunrise sorgt der leicht bittere Granatapfelsaft für ein Gegengewicht zur natürlichen Süße des Orangensafts. Sie können auch einen Schuss Campari zum Granatapfelsaft geben, aber dann sieht der Morgen natürlich ganz anders aus!

Granatapfel-Orange-Sunrise

500 ml frisch gepresster Orangensaft
200 ml purer Granatapfelsaft
Eiswürfel zum Servieren

Ergibt 2 Portionen

Zwei Tumbler zur Hälfte mit Eis füllen und zu zwei Dritteln mit Orangensaft auffüllen. Den Granatapfelsaft langsam so an der Glaswand hinablaufen lassen, dass er auf den Boden sinkt. Sofort mit einem Cocktailrührer servieren.

Ein spektakulär gefärbter sommerlicher Cooler mit himmlischem Aroma! Erdbeeren schmeicheln dem Gaumen und sind außerdem sehr dekorativ. Mit Ananas schmecken sie großartig, mit Rhabarber geradezu sensationell.

Ananas-Erdbeer-Cooler

1 Ananas
10–12 reife Erdbeeren
abgeriebene Schale und frisch
gepresster Saft von 2 Zitronen
2 EL Puderzucker, ggf. mehr
frisch gepresster Saft von 2 Orangen
Eiswürfel oder zerstoßenes Eis, Erdbeerscheiben und gedrehte Orangenschale als Dekoration zum Servieren

Ergibt 6–8 Portionen

Ananas schälen, den Strunk entfernen. Erdbeeren entstielen und mit Zitronenschale und Puderzucker in einen Mixer geben. Etwa 125 Milliliter Eiswasser zugießen und glatt pürieren. Orangen- und Zitronensaft sowie weitere 125 Milliliter Eiswasser zufügen. Probieren und ggf. Zucker zufügen (je nach Süßegrad der Früchte). In einen Krug mit Eis gießen und mit Erdbeerscheiben und Orangenschale dekorieren.

Dieses ungewöhnliche, altmodische Getränk wird nach Art von hausgemachter Limonade hergestellt. Eine umwerfende Färbung erreichen Sie durch frischen rotstieligen Rhabarber.

Rhabarber-Erdbeer-Limonade

500 g Rhabarber
2 EL Puderzucker
abgeriebene Schale und frisch
gepresster Saft von 1 Zitrone
6 Erdbeeren
Mineralwasser zum Aufgießen
Zerstoßenes Eis zum Servieren

Ergibt 4–8 Portionen

Die Enden der Rhabarberstangen abschneiden, den Rhabarber in Scheiben schneiden, mit Zucker und Zitronenschale in einen Topf geben und mit 1 Liter kochendem Wasser bedecken. Dünsten, bis der Rhabarber weich ist. Die Erdbeeren entstielen, halbieren und zufügen. Etwa 1 Minute sprudelnd kochen lassen, dann in einen Krug abseihen, kalt stellen. Zum Servieren mit Zitronensaft in einen Krug mit Eis gießen und mit Mineralwasser auffüllen.

Rhabarber-Erdbeer-Limonade

Frische Ananas ist nicht nur süß und lecker, sondern enthält außerdem das verdauungsfördernde Enzym Bromelain, das bei Halsschmerzen, Husten und Magenverstimmung lindernd wirkt.

Ananas-Cooler

1 große Ananas
frisch gepresster Saft von 1 Zitrone
4 Passionsfrüchte nach Geschmack
Zucker oder Honig nach Geschmack
Eiswürfel zum Servieren

Ergibt 4 Portionen

Die Ananas von Schale und Strunk befreien und in Spalten schneiden. Diese anschließend zerkleinern und in einen Entsafter geben. Den Zitronensaft zufügen und die Mischung in einen Krug mit Eis gießen.
Fruchtfleisch und Samen von drei Passionsfrüchten, falls verwendet, unterrühren und mit dem restlichen Fruchtfleisch mit Samen auffüllen. Je nach Süße und Reifegrad der Ananas eventuell etwas Zucker oder Honig zugeben.

Granatäpfel haben ein ungewöhnliches Aroma und ihre Farbe lässt sofort an die Märchen aus Tausendundeiner Nacht denken. Im Nahen Osten und Pakistan werden die Früchte so groß wie Grapefruits und die Schale leuchtet im gleichen tiefen Purpurrot wie der Saft. Etwas süßer wird der Saft, wenn man ihn mit Orangensaft mischt; drücken Sie außerdem die Kerne nicht zu kräftig aus, damit keine Bitterstoffe freigesetzt werden.

Granatapfelsaft

3 Granatäpfel
1 Orange nach Geschmack
ca. 1 EL Grenadine
Eiswürfel zum Servieren

Ergibt 1 Portion

Granatäpfel und Orange, falls verwendet, waagerecht halbieren. Mit einer Zitruspresse oder einem Zitrusentsafter den Saft aus den Früchten pressen. Die Grenadine nach Geschmack zufügen und auf Eis servieren.

Himbeer-Apfel-Fizz

Das ultimative Erfrischungsgetränk an einem heißen Sommertag. Das Mineralwasser macht es zum spritzigen alkoholfreien Cocktail.

Himbeer-Apfel-Fizz

300 g tiefgekühlte Himbeeren
250 ml Apfelsaft
12 Eiswürfel
Mineralwasser zum Aufgießen

Ergibt 4 Portionen

Himbeeren, Apfelsaft und Eis in einen Mixer geben und glatt pürieren. Auf vier hohe Gläser verteilen und mit Mineralwasser aufgießen.

Eine vollreife Mango besticht durch ihr himmlisches Aroma und die cremig-glatte, seidige Konsistenz. In Kombination mit Himbeeren und Cranberrysaft füllt Mango nach dem Sport die Energiereserven wieder auf.

Mango-Himbeer-Sinfonie

1 große Mango (ca. 550 g)
150 g tiefgekühlte Himbeeren
250 ml Cranberrysaft
1 TL Honig nach Geschmack

Ergibt 2 Portionen

Das Fruchtfleisch der Mango auf beiden Seiten mit dem Messer vom Stein und anschließend von der Schale lösen. In einen Mixer geben, Himbeeren und Cranberrysaft zufügen und glatt pürieren. Abschmecken und nach Bedarf mit Honig süßen.

Es lohnt sich immer, Fruchtsirup selbst her-
zustellen: Er ist im Handumdrehen fertig
und Sie haben immer eine leckere Geträn-
kegrundlage im Haus, die lange vorhält.
Sie können auch andere Beeren wie Brombeeren oder Himbeeren verwenden und
mit stillem oder sprudelndem Mineralwasser oder klarer Zitronenlimonade auffüllen.

Heidelbeersirup mit Apfelsaftschorle

300 g tiefgekühlte Heidelbeeren
300 g Zucker
Eiswürfel zum Servieren
Apfelsaftschorle zum Aufgießen

Ergibt 500 ml Sirup

Heidelbeeren und Zucker in einen großen Topf
geben und sanft erhitzen, bis die Heidelbeeren
weich sind und der Zucker sich auflöst. Zum Kochen
bringen und auf mittlerer Hitze 15 Minuten sirupar-
tig einkochen lassen.
Durch ein feines Sieb abseihen und in eine sterili-
sierte Flasche gießen (siehe Hinweis auf Seite 4).
Luftdicht verschließen und abkühlen lassen.
Zum Servieren je 2 bis 3 Esslöffel Sirup in ein hohes
Glas geben, einige Eiswürfel zufügen und mit Apfelsaftschorle auffüllen. Der Sirup hält sich 4 Wochen
im Kühlschrank.

links Zitronengras-Eistee
rechts Erfrischender Orange-Apfel-Saft

Das belebend scharfe Aroma dieses Kräutertees kommt eiskalt noch besser zur Geltung. Äußerst erfrischend!

Zitronengras-Eistee

2–4 Zitronengrasstängel
1 Stück frischer Ingwer (ca. 5 cm)
1–2 rote Chilischoten
50 g Zucker
frisch gepresster Saft von 2 Zitronen
frische Minzeblätter zum Servieren
Eiswürfel zum Servieren

Ergibt 4 Portionen

Von den Zitronengrasstängeln die äußeren Blätter entfernen, den inneren Teil in dünne Scheiben schneiden. Den Ingwer schälen und in Scheiben schneiden. Die Samen der Chilischoten entfernen, die Schoten in Scheiben schneiden und mit Zitronengras, Ingwer und Zucker in einen hitzefesten Krug geben. 1 Liter kochendes Wasser und den Zitronensaft zugießen und umrühren, bis der Zucker sich gelöst hat. Ziehen lassen, bis der Tee kalt ist.
Den abgekühlten Aufguss abseihen und mindestens 30 Minuten kalt stellen. In hohen Gläsern mit Minzeblättern und Eiswürfeln servieren.

Bei einigen Entsaftern gehört auch ein Presskegel für Zitrusfrüchte zur Ausstattung – damit ist dieser Saft im Handumdrehen fertig. Wenn Sie keine Zitruspresse haben, schälen Sie die Orangen und geben Sie sie in den normalen Entsafter (die bittere weiße Haut vorher vollständig entfernen).

Erfrischender Orange-Apfel-Saft

2 große Orangen
1 Stück frischer Ingwer (ca. 2,5 cm)
2 Äpfel (Granny Smith)
Eiswürfel zum Servieren

Ergibt 2 Portionen

Orangen und Ingwer schälen. Die Äpfel in Stücke teilen und mit Orangen und Ingwer in einen Entsafter geben. Zwei hohe Gläser zur Hälfte mit Eiswürfeln füllen, den Saft darübergießen und servieren.

Erdbeeren mit Balsamessig – das klingt erst mal seltsam, aber Balsamessig wirkt wie Zitronensaft: Er hebt andere Aromen hervor und seine süßen, würzigen Untertöne machen diesen Saft besonders köstlich. Balsamessig – der kräftige, süßliche, gereifte Essig aus Italien – sollte in Maßen verwendet werden. Setzen Sie ihn wie ein Gewürz ein, nicht wie gewöhnlichen Essig. Zu Erdbeeren passt er übrigens besonders gut.

Erdbeersaft mit Balsamessig

2 Schalen reife Erdbeeren, etwa 250 g
1 EL Honig nach Geschmack
6 Eiswürfel zzgl. Eiswürfel zum
   Servieren
Balsamessig zum Servieren

Ergibt 2–4 Portionen

Die Erdbeeren entstielen. Einige zum Dekorieren beiseitelegen, den Rest mit dem Honig, falls verwendet, und den Eiswürfeln in einen Mixer geben. Alles glatt pürieren, dabei nach Bedarf Wasser zugießen, damit sich die Mischung besser verarbeiten lässt. Erneut pürieren und auf Eis in einem kleinen Schnapsglas mit einer halben Erdbeere garniert servieren. Den Balsamessig separat reichen und tropfenweise hineingeben.

Wassermelonen-Kick

Wassermelonen schmecken köstlich süß und löschen hervorragend den Durst. Dieses erfrischende Getränk sorgt an heißen Sommertagen, wenn Wassermelonen Hochsaison haben, für eine ausreichende Flüssigkeitszufuhr und liefert außerdem noch eine Extraportion Vitamin C und A.

Wassermelonen-Kick

1 Stück Wassermelone
  (200 g Fruchtfleisch)
2 EL Limettensirup
100 ml frisch gepresster
  Grapefruitsaft (rosé)
Tonicwater zum Aufgießen
Eiswürfel zum Servieren

Ergibt 2 Portionen

Das Fruchtfleisch der Wassermelone von Schale und Samen trennen und würfeln. Mit Limettensirup in einen Mixer geben und glatt pürieren. Einige Eiswürfel in zwei hohe Gläser geben und jedes Glas je zur Hälfte mit der Wassermelonenmischung und dem Grapefruitsaft füllen. Mit Tonicwater auffüllen und servieren.

Die indischen und marokkanischen Scherbets sind entfernt verwandt mit den Sorbets, die wir im Westen kennen. Wenn Sie einen Entsafter haben, entsaften Sie die Wassermelone damit. Es geht auch mit einem Mixer, aber dann wird die Konsistenz dicker. Ingwerpüree finden Sie in einigen Feinkostgeschäften, Sie können es aber auch selbst herstellen (siehe Seite 215).

Wassermelone-Ingwer-Sorbet

1 kleine reife Wassermelone, gekühlt
ca. 2 EL Ingwerpüree nach Geschmack
Zucker nach Geschmack
zerstoßenes Eis zum Servieren

Ergibt 2–4 Portionen

Das Fruchtfleisch der Wassermelone von Schale und Samen trennen und würfeln. Mit dem Ingwer in einen Mixer geben und glatt pürieren. Falls die Mischung zu dick ist, etwas Wasser zufügen. Abschmecken und nach Bedarf Zucker zufügen, dann auf gestoßenem Eis servieren.

In Indien ist frisch gepresster Limettensaft mit Mineralwasser ein typisches Sommergetränk. In diesem Rezept wird der Limettensaft zuerst eingefroren, sodass er im Mineralwasser schmilzt.

Eiskalte Limettenschorle nach indischer Art

frisch gepresster Saft von 6 großen
   Limetten und ggf. Schale von
   1 Limette
Zucker nach Geschmack
Mineralwasser zum Aufgießen

Ergibt 4 Portionen

Den Limettensaft zu gleichen Teilen mit Wasser mischen und Zucker nach Geschmack einrühren. In Eiswürfelbehälter gießen und in den Gefrierschrank stellen.
Die Limettenschale in feine Streifen schneiden. Zum Servieren die Eiswürfel auf vier Gläser verteilen und mit Mineralwasser aufgießen. Falls verwendet, die Limettenzesten hineingeben.

Wassermelone schmeckt köstlich als Bestandteil in Getränken und passt wunderbar zu scharfen Zutaten wie Ingwer oder sogar Chili. Limettensaft und -schale unterstreichen das Aroma.

Wassermelone auf Eis mit Ingwer & Limette

1 Stück frischer Ingwer (ca. 5 cm)
1 reife runde Wassermelone
frisch gepresster Saft von 2 Limetten
Zucker nach Geschmack
Eiswürfel zum Servieren

Ergibt 4 Portionen

Den Ingwer schälen und reiben. Die Wassermelone von Schale und Samen befreien. Die Hälfte des Fruchtfleischs in einen Mixer geben, Ingwer und Limettensaft zufügen und glatt pürieren, nach Bedarf Wasser zugeben. Abschmecken, Zucker nach Geschmack unterrühren, in Eiswürfelbehälter gießen und in den Gefrierschrank stellen. Zum Servieren die restliche Wassermelone in den Mixer geben und glatt pürieren. Die Eiswürfel auf vier Gläser verteilen, mit Wassermelonenpüree aufgießen und servieren.

links Eiskalte Limettenschorle nach indischer Art
rechts Wassermelone auf Eis mit Ingwer & Limette

Sahnige Smoothies & Milchshakes

Kirschen und Schokolade sind eine himmlische Kombination. Entsteinen Sie frische Kirschen in der Hochsaison und ersetzen Sie den Kern durch eine Schokolinse mit Zuckerüberzug (z. B. Smarties® oder M&M's®). Die Kirschen einfrieren und anschließend mit Schokoladeneis und einem Smoothie aus entsteinten Kirschen servieren – oder aufheben und den Geschmack des Sommers später im Jahr wieder aufleben lassen.

Kirsch-Schoko-Smoothie

36 Kirschen
12 Schokolinsen mit Zuckerüberzug,
   z. B. Smarties® oder M&M's®
12 Eiswürfel
Eiswasser oder Milch nach Bedarf
12 kleine Kugeln
   Schokoladeneiscreme

Ergibt 4 Portionen

Kirschen entsteinen und in zwölf Kirschen je einen Smartie® oder M&M® stecken. Auf ein Backblech legen und in den Gefrierschrank stellen.

Zum Servieren die restlichen Kirschen in einen Mixer geben, die Eiswürfel zufügen und alles pürieren, dabei nach Bedarf Eiswasser oder Milch zugießen, damit die Klingen sich frei drehen können. Wasser oder Mich zugießen, bis die Mischung die gewünschte Konsistenz erreicht hat.

In vier hohe Gläser je drei Eiskugeln geben und die pürierten Kirschen darübergießen. Mit den gefüllten Kirschen garnieren und servieren.

Ein luxuriöses Heißgetränk mit aufgeschäumter Milch, aber ohne Koffein. Wenn Sie einen Kaffeeautomaten haben, können Sie die Schokomilch mit dem Dampfaufsatz zu richtig steifem Schaum aufschlagen.

Heiße weiße Schokolade

50 g weiße Schokolade
600 ml Biomilch
Instant-Kakaopulver zum Bestreuen
Zimt zum Bestreuen

Ergibt 2 Portionen

Die Schokolade reiben. Zwei Becher oder hitzefeste Gläser vorwärmen. Die Milch in einem Topf erhitzen, bis sie anfängt aufzuwallen, und die Schokolade unter Rühren darin schmelzen lassen. Die Milch mit einem Schneebesen, einem Stabmixer oder mit dem Kaffeeautomaten aufschäumen und in die vorgewärmten Becher oder Gläser gießen. Nach Belieben mit Kakaopulver und Zimt bestäubt servieren.

Diese dickflüssige, üppige, köstliche Komposition schmeckt zum Niederknien. Kaffee und Schokolade passen hervorragend zusammen – ein erdiges, aromatisches und sättigendes Paar. Am besten schmeckt der Eismokka mit frisch geröstetem und gemahlenem Biokaffee.

Eismokka spezial

50 g Zartbitterschokolade
500 ml frisch gekochter Kaffee
250 ml Biomilch
2 Kugeln Vanilleeiscreme
2 Kugeln Schokoladeneiscreme

Ergibt 2 Portionen

Schokolade fein hacken. Sobald der Kaffee fertig ist, in einen Krug gießen und die Schokolade unter Rühren darin schmelzen lassen. Zum Abkühlen beiseitestellen.
Den kalten Kaffee mit der Milch und je einer Kugel Vanille- und Schokoladeneiscreme in einen Mixer geben und alles zu einer glatten Mischung verarbeiten. In zwei hohe Gläser je eine Kugel Vanille- und Schokoladeneiscreme geben, die Kaffeemischung darübergießen und servieren.

links Heiße weiße Schokolade
rechts Eismokka spezial

Milo ist ein Malz-Schokoladengetränke-
pulver, das in Deutschland zwar nicht im
Supermarkt, aber mittlerweile bei einigen
großen Internetanbietern erhältlich ist und
sich gut für leckere Milchshakes und andere
Getränke eignet. Es enthält essentielle
Mineralstoffe und Vitamine und hat einen
niedrigen glykämischen Index. Wenn Sie
kein Milo bekommen, können Sie stattdessen auch Instant-Kakaopulver verwenden.

Milo-Shake

2 EL Milo-Pulver (Malz-Kakao-Pulver)
zzgl. Pulver zum Bestreuen
600 ml Biomilch
4 Kugeln Vanilleeiscreme

Ergibt 2–3 Portionen

Alle Zutaten in einen Mixer geben und glatt rühren.
In Gläser gießen und mit Milo-Pulver bestäuben.

Lassi ist ein bekanntes indisches Getränk aus Joghurt und Eis, verdünnt mit etwas Wasser. Es wird entweder salzig oder süß serviert und mit Früchten, Nüssen oder Gewürzen aromatisiert. An einem heißen Sommertag schmeckt Lassi wunderbar erfrischend. Erdbeeren, Mangos, Papayas oder Bananen passen ideal zu Milch und Joghurt.

Früchte-Lassi mit Erdbeeren

6 große Erdbeeren
andere Früchte, etwa 1 kleine Schale
   Himbeeren, 6 Aprikosen oder
   2 Pfirsiche
250 g fettarmer Joghurt
125 ml fettarme Milch
Zucker nach Geschmack
zerstoßenes Eis zum Servieren

Ergibt 2–4 Portionen

Je nach Auswahl alle Früchte entsteinen, die Erdbeeren entstielen und halbieren. Joghurt, Milch, Erdbeeren und weitere Früchte in einem Mixer cremig pürieren. Zucker nach Geschmack zufügen und auf zerstoßenem Eis servieren.

Variante
Anstelle der aufgeführten Früchte Fruchtfleisch und Samen von vier Passionsfrüchten und 1 Esslöffel Galliano oder Grand Marnier zufügen.

Aprikosen-Eiscreme-Smoothie mit Sahne

Aprikosen sind ebenso wie Pfirsiche und Nektarinen zu fest zum Entsaften und müssen stattdessen im Mixer püriert werden. Die Eiscreme macht die Mischung noch dekadenter, als sie ohnehin schon ist. Wenn die Aprikosenhaut nicht abgezogen wird, verleiht sie dem Smoothie in kleinen Stückchen eine hübsche Farbe und eine interessante Konsistenz.

Aprikosen-Eiscreme-Smoothie mit Sahne

2–3 reife Aprikosen
3 Eiswürfel
2 Kugeln Vanille- oder Erdbeereiscreme
ca. 200 ml Aprikosennektar
Milch oder Wasser
2 EL Sahne oder Joghurt zum Servieren

Ergibt 1–2 Portionen

Die Aprikosen halbieren, entsteinen und in Spalten schneiden. Die Eiswürfel in einen Mixer geben und fein zerkleinern. Aprikosenspalten, Eiscreme und Aprikosennektar zufügen. Alles zu einem cremigen Schaum pürieren, dabei so viel Milch oder Wasser zugießen, dass die Klingen sich frei drehen können. Die Mischung in ein Glas gießen, Sahne oder Joghurt dazugeben und kurz verwirbeln, mit einem Löffel servieren.

Das Rösten verleiht vor allem leicht unreifen Pfirsichen ein süßes, karamellartiges Aroma. Orangefleischige, steinlösende Pfirsiche eignen sich wegen ihrer Farbe und der einfachen Verarbeitung am besten, aber es geht auch mit jeder anderen Sorte.

Geröstete Pfirsiche mit Eiscreme

2 Pfirsiche
1 TL brauner Zucker
250 ml Biomilch
2 Kugeln Vanilleeiscreme

Ergibt 2 Portionen

Den Ofen auf 190 °C vorheizen. Die Pfirsiche halbieren und die Steine wegwerfen. Die Pfirsichhälften mit der Schnittseite nach oben auf ein mit Alufolie ausgelegtes Bratblech legen und mit dem Zucker bestreuen. 20 bis 25 Minuten rösten, bis sie weich sind, dann aus dem Ofen nehmen und zum Abkühlen beiseitestellen.
Die Pfirsiche hacken, in einen Mixer geben, die restlichen Zutaten zufügen und alles glatt pürieren.

Ein gesundes Frühstück im Glas: Bananen sättigen und versorgen uns mit Energie, Haferkleie senkt den Cholesterinspiegel und Rosinen sind reich an Antioxidantien und eine gute Energiequelle. Die Muskatnuss sorgt für den Pep und wirkt appetitanregend und verdauungsfördernd.

Bananen-Honig-Smoothie mit Muskat

2 Bananen
1 TL Honig
2 EL Haferkleie
2 EL Rosinen
250 ml entrahmte Biomilch
250 g fettarmer Joghurt
¼ TL frisch geriebene Muskatnuss
    zzgl. Muskatnuss zum Bestäuben

Ergibt 2 Portionen

Die Bananen schälen und in Scheiben schneiden. Mit den restlichen Zutaten in einen Mixer geben und glatt pürieren. Den Smoothie mit etwas geriebener Muskatnuss bestreut servieren.

Bananen-Frühstücks-Smoothie

Dieses flüssige Frühstück macht richtig satt und steckt voll köstlicher Aromen, Kalzium und Ballaststoffe, genau das Richtige für einen gesunden Start in den Tag! Wer es weniger süß mag, kann die Honigmenge reduzieren. Die Bananen können auch mit anderen Früchten der Saison zubereitet werden, etwa mit Beeren; diese sollten für einen Smoothie immer gut gekühlt sein.

Bananen-Frühstücks-Smoothie

1 Banane
250 ml fettarme Milch
250 g fettarmer Joghurt
2 EL zerstoßenes Eis
1 EL Honig
1 EL Weizenkeime

Ergibt 2–4 Portionen

Die Banane schälen und in Stücke schneiden. Alle Zutaten in einen Mixer geben und glatt pürieren. Falls gewünscht, weiteres Obst dazugeben.

Diesen „Energydrink" trinkt man am besten vor dem Sport. Bananen sorgen für eine sofortige und anhaltende Energiezufuhr, deswegen essen Sportler sie häufig in der Spielpause. Tatsächlich versorgen schon zwei Bananen den Körper mit ausreichend Energie für ein 90-minütiges Workout!

Bananarama

2 große Bananen
300 ml Buttermilch
1 EL Honig

Ergibt 2 Portionen

Die Bananen schälen, in Stücke schneiden und mit Buttermilch und Honig in einen Mixer geben. Glatt pürieren.

(Abbildung auf Seite 38)

Diese Mischung aus proteinreicher Milch und Mandeln versorgt den Körper mit Vitamin E (einem Antioxidans), Vitamin B und gesunden Ölen und Mineralstoffen wie dem Knochenbaustein Kalzium. Die Mandeln machen den Shake außerdem herrlich cremig.

Mandel-Bananen-Shake

65 g ganze blanchierte Mandeln
2 reife Bananen
400 ml fettarme Milch
1 TL Vanilleextrakt
frisch geriebene Muskatnuss zum
    Servieren

Ergibt 2 Portionen

Die Mandeln in eine Küchenmaschine oder einen Mixer geben und fein mahlen.
Bananen schälen und in dicke Scheiben schneiden. Milch, Bananen und Vanilleextrakt zu den Mandeln geben und alles glatt und cremig pürieren. In zwei Gläser gießen und mit etwas Muskatnuss bestreuen.

Dieser sättigende Smoothie steckt voller Nährstoffe und Energie – genau das Richtige für einen schwungvollen Start in den Tag. Milch und Joghurt liefern Kalzium, Protein und Vitamin B, die Früchte sorgen für eine Extraportion Vitamin C und Magnesium, beides wichtig für gesunde Knochen und Zähne.

Erdbeer-Bananen-Smoothie

2 Bananen
250 g Erdbeeren
etwa ½ TL Vanilleextrakt nach
    Geschmack
150 g dicker, fettarmer
    Bionaturjoghurt
350 ml fettarme Milch

Ergibt 2 Portionen

Bananen schälen und in Scheiben schneiden, Erdbeeren entstielen. Alle Zutaten in einen Mixer geben und pürieren, bis die Mischung dick, glatt und cremig ist. Den Smoothie in zwei Gläser gießen und servieren.

links Mandel-Bananen-Shake
rechts Erdbeer-Bananen-Smoothie

links Kokos-Bananen-Shake
rechts Kokosmilch mit Mango

Kokosmilch und Bananen sind in Thailand eine traditionelle Kombination. Wer mag, kann auch noch einen Schuss dunklen Rum dazugeben – eine köstliche thailändisch-karibische Hochzeit! Die Mango-Variante lässt sich mit frischer Mango oder mit Mangopüree aus der Dose herstellen (siehe Seite 150).

Kokos-Bananen-Shake

2 reife Bananen
etwa 250 ml Kokosmilch aus der Dose
250 ml fettarme Milch
1 EL dunkler Rum oder Rumaroma
  nach Geschmack
Zucker nach Geschmack
zerstoßenes Eis zum Servieren

Ergibt 1–2 Portionen

Bananen schälen und in Stücke schneiden. Alle Zutaten bis auf Zucker und Eis in einen Mixer geben. Pürieren und dabei nach Geschmack Zucker und Rum zufügen. Auf zerstoßenem Eis servieren.

Variante
Kokosmilch mit Mango Bananen und Rum durch 250 Milliliter Mangopüree oder eine große, reife frische Mango ersetzen. Schaumig pürieren und mit einer Kugel Mangoeiscreme servieren.

Kinder lieben diesen Shake, vor allem mit einem Extralöffel Eiscreme. Eine wahrhaft göttliche Kreation!

Schoko-Bananen-Shake mit Zimt

2 Bananen
4 Kugeln Schokoladeneiscreme zzgl.
 Eiscreme nach Geschmack zum
 Servieren
300 ml Milch
1 TL Zimt

Ergibt 4 Portionen

Die Bananen schälen und in Stücke schneiden. Eiscreme, Milch und Zimt in einen Mixer geben und glatt pürieren. In vier hohe Gläser gießen und nach Belieben mit einem Extralöffel Schokoladeneiscreme servieren.

Bananen eignen sich hervorragend für Smoothies – ihre süße Cremigkeit passt zu fast allen anderen Zutaten. Besonders gut schmecken sie mit Nüssen, etwa wie hier mit Erdnussbutter.

Bananen-Erdnuss-butter-Smoothie

2 große, reife Bananen
10 Eiswürfel
1 EL Zucker oder Zuckersirup nach
 Geschmack
125 ml Milch, Joghurt oder
 Kaffeesahne
4 EL Erdnussbutter

Ergibt 1 Portion

Die Bananen schälen und in große Stücke schneiden. Mit den restlichen Zutaten in einen Mixer geben und pürieren. Nach Bedarf mit mehr Milch oder Wasser verdünnen und servieren.

Bananen-Erdnussbutter-Smoothie

links Dattel-Eiskaffee mit Kardamom
rechts Köstlicher Vanilleshake

Die Datteln und der Kardamom verleihen diesem Eiskaffee ein herrlich exotisches, orientalisch anmutendes Aroma. Kardamom ist gut für die Verdauung und sein berauschender Duft soll aphrodisierend wirken. Datteln und Kaffee liefern Energie und stärken in dieser Kombination Vitalität und Libido – ein wahrer Liebestrunk also!

Dattel-Eiskaffee mit Kardamom

4 große Datteln ohne Kern
300 ml Biomilch
125 ml kalter Espresso
2 Kugeln Vanilleeiscreme
½–1 TL gemahlener Kardamom zzgl.
   Kardamom zum Bestreuen

Ergibt 2 Portionen

Die Datteln mit der Hälfte der Milch in einen Topf geben und auf sehr schwacher Hitze erwärmen, bis die Milch gerade aufwallt. Den Topf vom Herd nehmen und die Mischung vollständig abkühlen lassen. Die kalte Dattelmilch in einen Mixer geben und restliche Milch, kalten Kaffee, Eiscreme und Kardamom zufügen. Alles glatt pürieren. In Gläser gießen und mit Kardamom bestreut servieren.

Die Vanille macht die Milch cremig-weich und erinnert an Kindertage. Außerdem gilt sie als natürlicher Stimmungsaufheller.

Köstlicher Vanilleshake

1 Vanilleschote
4 Kugeln Vanilleeiscreme
500 ml Biomilch

Ergibt 2 Portionen

Die Vanilleschote längs halbieren, die Samen herauskratzen und in einen Mixer geben. Eiscreme und Milch zufügen und alles zu einer glatten Mischung verarbeiten.

In Indien werden Lassi mit Rosenwasser, Safran, Pistazien oder Gewürzen wie Kardamom aromatisiert. Dem westlichen Gaumen sind Vanille- und Schokoladenaroma vertrauter, aber wer mutig ist, kann auch mit anderen Aromen experimentieren.

Vanille- oder Schoko-Joghurt-Lassi

300 g fettarmer Naturjoghurt
300 ml entrahmte Milch
250 g zerstoßenes Eis nach Bedarf
2 EL Schokoladensirup oder einige
   Tropfen Vanilleextrakt oder je
   1 TL Rosenwasser und zerstoßene
   Kardamomsamen
ca. 1 EL Zucker nach Geschmack

Ergibt 1–2 Portionen

Joghurt, Milch und zerstoßenes Eis, falls verwendet, in einen Mixer oder eine Küchenmaschine geben und gründlich mischen. Das gewünschte Aroma zufügen und erneut mischen. Abschmecken und nach Belieben Zucker zufügen.

Chai ist ein aromatischer Gewürztee mit Milch, der in Indien gern getrunken wird. In diesem seidenglatten Milchshake sind teilweise die gleichen Gewürze enthalten, etwa Kardamom und Zimt. Vanille und etwas Zucker sorgen für die köstliche Süße.

Chai-Vanille-Milchshake

1 Vanilleschote
1 l Vollmilch
75 g heller Farinzucker/brauner Zucker
2 EL Schwarzteeblätter
¼ TL Zimt
8 Kardamomkapseln
¼ TL gemahlenes Piment
1 l Vollmilch
3 Kugeln Vanilleeiscreme

Ergibt 4 Portionen

Vanilleschote längs aufschlitzen. 800 Milliter Milch, Zucker, Teeblätter, Vanilleschote, Zimt, Kardamom und Piment in einen Topf geben und zum Kochen bringen. 5 Minuten sanft köcheln lassen, dann den Herd abschalten, den Deckel aufsetzen und 10 Minuten stehen lassen. In Eiswürfelbehälter abseihen und im Gefrierschrank hart werden lassen.
Zum Servieren die gefrorenen Chai-Würfel mit der restlichen Milch und der Eiscreme in einem Mixer glatt pürieren. Sofort servieren.

Chai-Vanille-Milchshake

Frieren Sie verschiedene frische Säfte in einem Eiswürfelbehälter ein und servieren Sie sie zum Frühstück in Buttermilch. Die Eiswürfel auf dem Bild bestehen aus Cranberrysaft und Erdbeerpüree. Eiswürfel aus Fruchtsaft schmelzen langsamer als gewöhnliche Eiswürfel, Sie können also immer wieder mit Buttermilch oder Mineralwasser auffüllen und diesen kühlen, köstlichen, sättigenden Trunk noch länger genießen.

Beereneiswürfel mit Buttermilch

**1 Eiswürfelbehälter mit
   Fruchtsafteiswürfeln
500 ml Buttermilch oder
   500 g fettarmer Joghurt
Mineralwasser zum Aufgießen
Honig nach Geschmack**

Ergibt 4 Portionen

Vier Gläser mit den Fruchteiswürfeln füllen, etwas Buttermilch oder Joghurt dazugeben und mit Mineralwasser nach Wunsch aufgießen. Den Honig separat dazu reichen und nach Geschmack unterrühren.

Dieser Smoothie schmeckt mit Vanilleeiscreme ebenso gut wie mit Schokoladeneis. Mit Vanilleeis bleibt zwar das leuchtende Violett besser erhalten, aber Heidelbeeren passen einfach großartig zu Schokolade, vor allem zu Schokoladeneis. Probieren Sie es aus!

Heidelbeer-Eiscreme-Smoothie

1 Schale gekühlte Heidelbeeren (200 g)
2 Kugeln Eiscreme,
  Schokolade oder Vanille
ca. 125 ml gekühlte fettarme Milch
frische Minzeblätter zum Garnieren

Ergibt 1 Portion

Einige Heidelbeeren zum Garnieren beiseitelegen und den Rest in einen Mixer geben. Die Eiscreme und so viel Milch zufügen, dass die Klingen sich frei drehen können. Alles pürieren und nach Geschmack Milch zugießen. Die Mischung in ein Glas geben und mit den beiseitegelegten Heidelbeeren und nach Wunsch mit Minzeblättern garnieren.

Dieser Smoothie ist eine ganze Mahlzeit im Glas. Er ist leicht verdaulich und damit ideal als Frühstück zum Mitnehmen an einem hektischen Morgen. Damit Ihr Körper die Nährstoffe besser aufnimmt, kauen Sie das Getränk – das stimuliert die Produktion von Speichel und Verdauungsenzymen.

Heidelbeer-Müsli-Smoothie

250 g frische oder tiefgekühlte
  Heidelbeeren
250 g Biojoghurt
250 ml Biomilch
50 g Müsli
1 TL Vanilleextrakt

Ergibt 2 Portionen

Alle Zutaten in einen Mixer geben und glatt pürieren.

Wenn Sie Ingwer mögen, wird Sie dieses Rezept in den siebten Himmel versetzen. Ein weiterer Geheimtipp für Ingwerfans ist der „Ginger Spider": Eine große Kugel Eiscreme in ein Glas geben und mit Gingerale aufgießen.

Ingwer-Shake

6 Stück eingelegter Ingwer in Sirup zzgl. gehackter eingelegter Ingwer zum Servieren
etwa 100 ml Milch nach Geschmack
3 Kugeln Eiscreme zzgl. Eiscreme zum Servieren
Zucker nach Geschmack

Ergibt 1–2 Portionen

Ingwerstücke, Milch, Eiscreme und 6 Esslöffel Ingwersirup in einen Mixer geben und schaumig pürieren. Abschmecken und nach Belieben Milch und Zucker zufügen. Zum Servieren jedes Glas mit einer weiteren kleinen Kugel Eiscreme oder gehacktem Ingwer garnieren.

Normalerweise schmeckt Obst frisch viel besser als aus der Dose. Wenn Sie aber im Asienladen Alphonso-Mango in der Dose finden, bereiten Sie dieses Rezept damit zu. Die Alphonso gilt nicht umsonst als die beste Mangosorte der Welt! Wenn Sie frische Mango verwenden, muss sie ganz reif sein.

Mango-Ingwer-Lassi mit fettarmem Joghurt

1 Stück frischer Ingwer (ca. 2,5 cm)
250 ml Mangopüree, frisch oder aus der Dose
6 Eiswürfel
250 g fettarmer Joghurt
Mineralwasser, Gingerale oder fettarme Milch
Zucker oder Honig nach Geschmack
4 EL gewürfelte frische Mango

Ergibt 4 Portionen

Den Ingwer schälen und reiben. Alle Zutaten bis auf die Mangowürfel in einen Mixer geben und schaumig pürieren. Mit den Mangowürfeln garnieren und sofort servieren.

Mango-Ingwer-Lassi mit fettarmem Joghurt

Dieses Rezept ist eine Abwandlung der Pavlova, dem australisch-neuseeländischen Nationaldessert, das nach der großen russischen Ballerina benannt wurde. Die Pavlova besteht aus einem dicken Baiserboden und einem Belag aus frischen Früchten und Schlagsahne. Der Fruchtbelag kann je nach Saisonangebot variiert werden, enthält aber fast immer Passionsfrüchte. Ein Hochgenuss für jeden Süßschnabel.

Passionsfrucht-Meringe-Smoothie

2 kleine weiße Meringen, (Ø ca. 5 cm)
250 g Erdbeeren oder andere Früchte der
   Saison
3 Kugeln Eiscreme nach Geschmack
etwa 100 ml Milch
2 Passionsfrüchte
1 Meringe, 1 Passionsfrucht und
   1 EL geschlagene Sahne zum Servieren

Ergibt 1–2 Portionen

Meringen, Erdbeeren und Milch in einen Mixer oder eine Küchenmaschine geben und pürieren. Die Eiscreme und Fruchtfleisch mit Samen von zwei Passionsfrüchten zufügen und erneut pürieren. Abschmecken und nach Belieben Milch zufügen. In hohe Gläser füllen. Die Meringe zerkrümeln und den Smoothie nach Geschmack mit den Meringe-Krümeln, dem Fleisch der Passionsfrucht und Schlagsahne garnieren.

Wer Zeit sparen will, kann hier auch einfach alle Zutaten auf einmal pürieren, aber das hübsche Muster, das durch das Verwirbeln der verschiedenfarbigen Zutaten kurz vor dem Servieren entsteht, ist ein echter Hingucker. Geschmacklich nehmen sich beide Versionen nichts.

Pfirsich-Melba-Wirbel

4 Pfirsichhälften aus der Dose,
    abgetropft
1 TL Vanilleextrakt
500 ml Biomilch
4 Kugeln Vanilleeiscreme
125 g Himbeeren

Ergibt 2–3 Portionen

Pfirsichhälften, die Hälfte des Vanilleextrakts, die Hälfte der Milch und zwei Kugeln Vanilleeis in einen Mixer geben. Glatt pürieren und auf zwei bis drei Tumbler verteilen. Den Vorgang mit den Himbeeren und den Restmengen von Vanilleextrakt, Milch und Eiscreme wiederholen.
Die Himbeermischung vorsichtig so in die Gläser rinnen lassen, dass die Farben ineinanderlaufen.

Diese frische, säuerliche, üppige Leckerei schmeckt wie Käsekuchen aus dem Glas. Wenn Sie dazu Vollkorn- oder Ingwerkekse zum Hineintunken servieren, ist die Illusion fast perfekt!

Käsekuchen-Shake

100 g Frischkäse
abgeriebene Schale und frisch
    gepresster Saft von ½
    unbehandelten Zitrone
4 EL Lemon Curd (Zitronencreme)
125 g griechischer Joghurt
250 ml Biomilch

Ergibt 3–4 Portionen

Alle Zutaten in einen Mixer geben und zu einer glatten Mischung verarbeiten.

links Pfirsich-Melba-Wirbel
rechts Käsekuchen-Shake

Aus Mandeln und Rosenwasser wird hier ein aromatisches, exotisches Getränk – auf Eis eine herrliche Erfrischung an einem heißen Sommertag. Mandeln enthalten Magnesium und andere Mineralstoffe und die Kombination von Mandeln und Rosenwasser, einem Anti-Stress-Wirkstoff, in diesem Lassi beruhigt Nerven und Muskeln.

Mandel-Lassi

50 g ganze blanchierte Mandeln
1 EL Rosenwasser
2 TL brauner Zucker
300 g Biojoghurt
6 Eiswürfel

Ergibt 1–2 Portionen

Alle Zutaten in einen Mixer geben und zu einer glatten Mischung verarbeiten.

Fruchteiswürfel schmelzen langsamer als normales Eis, sodass sich das Fruchtaroma erst nach und nach mit den anderen Zutaten, z. B. Joghurt oder Buttermilch, mischt. Dieses Rezept ist besonders köstlich – Joghurt und Honig sind immer eine himmlische Kombination.

Fruchteiswürfel mit Joghurt und Honig

1 l frischer Fruchtsaft, etwa
   Cranberry- oder Aprikosensaft
Zucker nach Geschmack
750 g fettarmer Joghurt
Honig zum Servieren

Ergibt 4 Portionen

Den Fruchtsaft nach Belieben süßen, dann in Eiswürfelbehältern einfrieren.
Vier Gläser mit den Fruchteiswürfeln füllen und den Joghurt darüberlöffeln. Einige Löffel Honig darüberträufeln und servieren.

Himbeer-Joghurt-Smoothie

Joghurt, ob aus Vollmilch oder fettarm, ist eins der vielseitigsten und wunderbarsten Nahrungsmittel überhaupt. Die Extraportion Kalzium, die er liefert, ist besonders für Frauen sehr wichtig.

Himbeer-Joghurt-Smoothie

1 Schale Himbeeren (250 g)
6–8 Eiswürfel
250 g fettarmer Joghurt
Mineralwasser oder fettarme Milch
milder Honig oder Zucker nach
　　Geschmack

Ergibt 4 Portionen

Die Himbeeren mit Eiswürfeln, Joghurt und so viel Mineralwasser oder Milch in den Mixer geben, dass die Klingen sich frei drehen können. Alles zu einer dünnflüssigen, schaumigen Mischung verarbeiten, dabei bei Bedarf Wasser oder Milch zufügen. Mit Honig oder Zucker abschmecken, dann servieren.

Dieses Getränk ist fast dickflüssig genug, um es in ein Dessertglas zu gießen und gekühlt zum Nachtisch zu servieren; schmackhaft genug ist es auf jeden Fall. Auch hier sorgt das Rosenwasser für einen Hauch von Exotik. Welcher Gast errät die Zutat?

Rhabarber-Smoothie mit Rosenwasser

200 g Rhabarber
3 EL Honig
250 g fettarmer Biojoghurt
250 ml entrahmte Biomilch
1 EL Rosenwasser

Ergibt 2 Portionen

Den Rhabarber in 5 Zentimeter lange Stücke schneiden, die Enden entsorgen. Die Stücke mit 2 Esslöffeln Wasser und dem Honig in einen Topf geben. Langsam zum Kochen bringen und 5 bis 8 Minuten weich köcheln lassen. Beiseitestellen und vollständig abkühlen lassen.
Die abgekühlte Rhabarbermischung mit den restlichen Zutaten in einen Mixer geben und alles glatt pürieren.

Selbst Menschen mit einer Milchunverträg-
lichkeit können häufig Joghurt essen, da die
Milch bei der Fermentierung ihre Struktur
ändert. Sehr beruhigend auch bei Magenverstimmungen!

Roter Beeren-Smoothie

1 Schale Beeren (ca. 250 g),
   z. B. Erdbeeren, Cranberrys, Rote
   Johannisbeeren oder Himbeeren
   (für einen rosafarbenen Smoothie)
   oder Brombeeren und Heidelbeeren
   (für einen blauen Smoothie)
250 g Naturjoghurt
125 g zerstoßenes Eis
Zucker oder Honig nach Geschmack

Ergibt 2–3 Portionen

Die Erdbeeren, falls verwendet, entstielen. Alle Zuta-
ten bis auf den Zucker oder Honig in einen Mixer
geben und zu einer dünnflüssigen, schaumigen
Mischung verarbeiten. Sollte sie zu dick sein, so viel
Wasser zufügen, bis die Mischung sich gießen lässt.
Abschmecken und nach Belieben Zucker oder
Honig zufügen.

links Erdbeer-Quark-Shake
rechts Beeren-Smoothie

Ein leckerer, frischer Quark-Shake. Wer auf seine Linie achtet, kann statt Speisequark auch Magerquark verwenden. Der Shake schmeckt ebenso köstlich mit griechischem Joghurt.

Erdbeer-Quark-Shake

250 g Erdbeeren zzgl.
   Erdbeerscheiben zum Servieren
250 g Quark
1 TL Zimt zzgl. Zimt zum Servieren
300 ml Biomilch

Ergibt 2 Portionen

Die Erdbeeren entstielen, mit Quark, Zimt und Milch in einen Mixer geben und alles glatt pürieren. Zum Servieren mit Erdbeerscheiben garnieren und mit etwas Zimt bestreuen.

Tiefgekühlte Beeren eignen sich hervorragend für Getränke aus dem Mixer, weil sie das ganze Jahr über erhältlich sind und direkt aus dem Gefrierschrank verarbeitet werden können. So wird jeder Smoothie schön sämig und eiskalt. Besonders lecker für Kinder – welches Kind verschmäht schon Eiscreme mit Beeren?

Beeren-Smoothie

150 g tiefgekühlte gemischte Beeren
2 Kugeln Vanilleeiscreme
500 ml Biomilch

Ergibt 2 Portionen

Alle Zutaten in einen Mixer geben und glatt pürieren.

Dieser üppige, luxuriöse Shake, benannt nach einem typisch britischen Nachtisch, würde auch als sommerliches Dessert durchgehen. Mehr „Biss" bekommt er, wenn Sie den Mixer nur kurz laufen lassen.

Eton Mess

250 g Erdbeeren oder Himbeeren
   oder eine Mischung aus beidem
2 Meringen (ca. 65 g)
125 ml Kaffeesahne
250 ml Biomilch
1 TL Vanilleextrakt

Ergibt 3–4 Portionen

Erdbeeren, falls verwendet, entstielen. Alle Zutaten in einen Mixer geben und glatt pürieren.

Smoothies mit Erdbeeren kommen bei Gästen immer am besten an. Sie können dieses Rezept nur mit Eis oder mit Joghurt, Eiscreme oder Milch herstellen. Oder (wie hier) mit der ganzen Palette – ab und zu muss man sich auch mal was Gutes gönnen!

Erdbeer-Eiscreme-Smoothie

12 große reife Erdbeeren
12 Eiswürfel
4 Kugeln Erdbeereiscreme
125 g fettarmer Joghurt
fettarme Milch

Ergibt 4 Portionen

Erdbeeren entstielen und halbieren. Die Eiswürfel in einen Mixer geben und fein zerkleinern. Eiscreme, Erdbeeren und Joghurt zufügen und erneut pürieren, dabei so viel Milch zugießen, dass die Mischung die Konsistenz von Sahne erreicht. In Gläser gießen und servieren.

Erdbeer-Eiscreme-Smoothie

In Südostasien verkaufen Straßenhändler Getränke in Plastikbeuteln. Die oft grellbunten Erfrischungen werden mit einem in den Beutel gestochenen Strohhalm getrunken. Häufig enthalten sie gezuckerte Kondensmilch, die die Getränke süß und cremig macht. Stattdessen lässt sich aber auch Schlagsahne verwenden.

Thailändischer Papaya-Smoothie

1 Papaya, geschält
10 Eiswürfel
frisch gepresster Saft von 1 Limette
3 EL gezuckerte Kondensmilch
6 frische Minzeblätter

Ergibt 2 Portionen

Die Papaya schälen, halbieren, die Samen entfernen und das Fruchtfleisch in Stücke schneiden. Die Eiswürfel in den Mixer geben und fein zerkleinern. Das Papaya-Fruchtfleisch mit Limettensaft, Kondensmilch und Minzeblättern in den Mixer geben, alles mischen und servieren.

Dieses Lassi kann man schon fast dekadent nennen, aber Joghurt und Ingwer wirken gleichzeitig auch beruhigend bei Magenverstimmungen. Sie können auch fettarmen Joghurt verwenden und die Früchte beliebig austauschen, auch gegen nicht tropische Sorten wie Birnen, Aprikosen oder Pfirsiche.

Tropenfrucht-Lassi

1 kleine Papaya
250 ml Ananasmus oder Ananassaft
1 Banane
250–500 g Naturjoghurt
1 EL pürierter frischer Ingwer (siehe
   Hinweis auf Seite 215)
frisch gepresster Saft und
   abgeriebene Schale von 1 Limette
zerstoßenes Eis zum Servieren
frische Minzezweige zum Garnieren

Ergibt 2–3 Portionen

Die Papaya schälen und die Samen entfernen. Die Banane schälen und in Stücke schneiden. Alle Zutaten in einen Mixer oder eine Küchenmaschine geben und pürieren. Auf zerstoßenem Eis mit Minze garniert servieren.

Dieses tropische Lassi schmeckt nicht nur lecker, sondern ist auch gesund. Der aromatische Kardamom wird traditionell als Verdauungshilfe angewendet, Biojoghurt und die Ballaststoffe aus der Banane tragen dazu bei, das Verdauungssystem wieder ins natürliche Gleichgewicht zu bringen.

Diese alkoholfreie Version des Cocktailklassikers ist nicht nur herrlich luxuriös, sondern liefert auch Proteine, Vitamine und Mineralien.

Tropisches Kardamom-Lassi

4 grüne Kardamomkapseln
2 Bananen
1 Mango
100 ml fettarme Kokosmilch
150 g dicker, fettarmer Biojoghurt
150 ml fettarme Milch
Eiswürfel zum Servieren

Ergibt 2 Portionen

Die Kardamomkapseln zerdrücken, die Samen herausnehmen und im Mörser zu einem groben Pulver zerstoßen. Die Bananen schälen und in dicke Scheiben schneiden. Die Mango schälen, das Fruchtfleisch vom Stein lösen und würfeln. Den Kardamom mit Mango, Bananen, Kokosmilch, Joghurt und Milch in einen Mixer geben und alles zu einer glatten, schaumigen Mischung verarbeiten. Die Eiswürfel in zwei hohe Gläser geben und mit dem Lassi aufgießen.

Alkoholfreie Piña Colada

1 Papaya
1 kleine Ananas
1 Banane
200 ml fettarme Kokosmilch
150 g dicker, fettarmer Biojoghurt

Ergibt 2 Portionen

Die Papaya halbieren und die Samen mit einem Löffel herauskratzen. Die Schale abziehen und das Fruchtfleisch grob zerkleinern. Die Ananas längs vierteln, die Schale wegschneiden, den Strunk entfernen und das Fleisch in große Stücke schneiden. Die Banane schälen und in dicke Scheiben schneiden.
Papaya, Ananas und Banane mit Kokosmilch und Joghurt in einen Mixer geben und alles zu einer glatten, cremigen Mischung verarbeiten. Falls erforderlich, zwei Portionen nacheinander zubereiten.

Gemüsesäfte

von links nach rechts
Orientalischer Gemüsetraum
Frühstück mit Bete
(Rezept auf Seite 178)
Katermittel

Dieser nährstoffreiche Saft ist ein richtiger Muntermacher, der den Körper belebt, mit Flüssigkeit versorgt, nährt und reinigt. Tomaten schützen gegen Krebs, Gurke sorgt für eine ausreichende Flüssigkeitszufuhr, vor allem nach dem Genuss von Alkohol. Zitronengras unterstützt die Verdauung und lindert Übelkeit.

Katermittel

2 kleine reife Tomaten (ca. 175 g)

125 g Salatgurke

2 Selleriestangen ohne die Enden

½ rote Paprikaschote

½ Zitronengrasstängel

½ lange rote Chilischote

1 längliches Stück Gurke oder
   ½ Selleriestange zum Servieren

Ergibt 1 Portion

Das Gemüse putzen, in große Stücke schneiden und mit dem halben Zitronengrasstängel in einen Entsafter geben. Den Saft in ein großes Glas füllen und mit einem Gurkenstück oder einer halben Selleriestange sofort servieren.

Dieser herrlich rosafarbene Saft stärkt das Immunsystem. Der Saft von Möhren, Orangen und Granatäpfeln wird wegen des hohen Gehalts an Antioxidantien traditionell zur Vorbeugung gegen Krebs eingesetzt.

Orientalischer Gemüsetraum

2 Karotten

2 Orangen

1 Granatapfel (ca. 350 g)

einige Tropfen Rosenwasser

Ergibt 1–2 Portionen

Die Karotten in große Stücke schneiden. Die Orangen schälen und das Fruchtfleisch grob zerkleinern. Orangen und Karotten in einen Entsafter geben und den Saft in einen Krug gießen.
Den Granatapfel halbieren. Mit einer Zitruspresse möglichst viel Saft auspressen und durch ein Sieb in den Krug abseihen. Das Rosenwasser zufügen und gut umrühren.

Dieser säuerliche Saft erfrischt den Körper am Morgen. Zitronen wirken reinigend und unterstützen die Verdauung der anderen Zutaten. Rote Bete senkt den Cholesterinspiegel und sorgt dank ihres sehr niedrigen glykämischen Indexes für einen stabilen Blutzuckerwert. Die Karotte enthält viel Betacarotin und bindet Giftstoffe, der Apfel sorgt für Ballaststoffe und das süße Aroma.

Frühstück mit Bete

1 Zitrone
1 Rote Bete (ca. 150 g)
1 Karotte
1 Apfel

Ergibt 1 Portion

Die Zitrone schälen, die weiße Haut entfernen und das Fleisch in große Stücke schneiden. Die Rote Bete abschrubben, die Enden entfernen. Rote Bete, Karotte und Apfel ebenfalls in große Stücke schneiden, alles in den Entsafter geben und den Saft in ein großes Glas füllen.

(Abbildung auf Seite 176)

Seinen Namen verdankt dieser Gemüsesaft seiner fantastischen tiefroten Farbe, die von der Roten Bete und den Brombeeren stammt. Lassen Sie sich nicht von der ungewöhnlichen Kombination abschrecken; sie ist wirklich köstlich, süß und sehr erfrischend, und kann außerdem hervorragend gegen Blasenentzündung helfen.

Rubinchen

2 Rote Bete (ca. 300 g)
150 g tiefgekühlte Brombeeren
250 ml Cranberrysaft

Ergibt 2–3 Portionen

Die Rote Bete abschrubben und ohne die Enden grob zerkleinern, in den Entsafter geben und den Saft in den Mixer gießen. Brombeeren und Cranberrysaft zufügen und alles glatt pürieren.

Rubinchen

Karottensaft ist wegen seiner natürlichen Süße eine gute Grundlage für Saftkompositionen. Hier sorgt Ingwer für den zusätzlichen Kick. Wenn Sie keine Biomöhren verwenden, sollten Sie sie vor dem Entsaften unbedingt schälen. Karotten enthalten viel Betacarotin, das der Körper in Vitamin A umwandelt.

Karotten-Ingwer-Saft

5 Karotten
1 Stück frischer Ingwer

Ergibt 1–2 Portionen

Die Karotten ggf. schälen und grob zerkleinern. Den Ingwer schälen und in Scheiben schneiden. Die Hälfte der Karottenstücke in den Entsafter geben, dann den Ingwer ergänzen und anschließend die restlichen Karottenstücke zufügen.

Hinweis
Trinken Sie Karottensaft nicht häufiger als zwei bis drei Mal pro Woche, sonst bekommt Ihre Haut möglicherweise einen Orangestich!

Selleriesaft schmeckt köstlich, wenn man ihn mit anderen Gemüsesäften mischt – oder mit saftigen Früchten wie Trauben. Sie können den Traubensaft auch fertig kaufen, aber frisch gepresster Traubensaft ist eine wahre Offenbarung. Sellerie hat fast keine Kalorien – als würde man Wasser zu sich nehmen, ideal für alle, die Diät halten. Außerdem gilt Sellerie als natürliches Beruhigungsmittel, etwa vor dem Schlafengehen.

Sellerie-Trauben-Saft

6 Selleriestangen ohne die
unteren Enden
etwa 20 kernlose helle Trauben
1 Bd. Brunnenkresse
Eiswürfel

Ergibt 1–2 Portionen

Die Selleriestangen mit dem Blattende zuerst in den Entsafter geben. Zwischendurch jeweils einige Trauben dazugeben; sie sind weich genug, um von selbst hineingezogen zu werden. Die Brunnenkresse ebenfalls entsaften und den Saftmix pur auf Eis servieren oder in einem Mixer mit Eiswürfeln zu einem köstlichen Sellerie-Trauben-Schaum verarbeiten.

Erfrischender Sellerie-Karotten-Mix

Dieser Obst-Gemüse-Saft unterstützt die Verdauung und wird am besten 30 Minuten vor dem Essen getrunken. In der Schwangerschaft, auf Reisen oder bei Schwindelanfällen hilft er außerdem gut gegen Übelkeit. Ingwer und Pfefferminze bekämpfen Fieber, Ananas wirkt entzündungshemmend bei fiebrigen Erkrankungen, Schnupfen und Arthritis.

Dieser Gemüsecocktail ist eine gute Quelle für Vitamine, Mineralstoffe und Antioxidantien, vor allem, wenn Sie eine Mahlzeit ausgelassen haben oder zusätzliche Nährstoffe brauchen, etwa während einer Krankheit oder bei Stress.

Erfrischender Sellerie-Karotten-Mix

½ kleine Ananas (ca. 550 g)
3 Selleriestangen ohne die Enden
2 Karotten
1 kleines Stück frischer Ingwer
Blätter von 2 frischen Minzezweigen
Eiswürfel zum Servieren

Ergibt 2 Portionen

Die Ananas schälen, den harten Strunk in der Mitte entfernen und das Fleisch in große Stücke schneiden. Den Ingwer schälen, Selleriestangen und Karotten grob zerkleinern. Alle Zutaten in einen Entsafter geben, den Saft in einen Krug füllen und auf Eis servieren.

Salat im Glas

2 kleine Orangen (ca. 350 g)
1 grüne Paprika
200 g Romana-Salat oder Kopfsalat
2 grüne Äpfel
125 g Salatgurke
½ Bd. Petersilienblätter

Ergibt 3 Portionen

Die Orangen schälen und das Fleisch in mittelgroße Stücke schneiden. Trennwände und Samen der Paprika entfernen. Salat, Paprika, Äpfel und Gurke grob zerkleinern, alle Zutaten in den Entsafter geben und den Saft in einen Krug füllen.

Dieser Durstlöscher versorgt den Körper optimal mit Flüssigkeit. Kühlende Gurke und erfrischende Minze stimulieren den Gaumen und reinigen das Verdauungssystem von Giftstoffen. Der natürliche Zucker in Melone und Trauben liefert außerdem einen Instant-Energieschub. Gurke wirkt stark entwässernd und enthält viel Silizium – gut für Haare, Haut und Nägel.

Fit in den Tag

½ **Zitrone**
1 **kleine Spalte Honigmelone**
  (ca. 175 g)
½ **Salatgurke**
1 **Selleriestange**
100 **g helle Trauben**
1 **Handvoll frische Minzeblätter**

Ergibt 1 Portion

Die Zitrone schälen, die weiße Haut entfernen und das Fleisch in große Stücke schneiden. Die Melonenspalte von Samen und Schale befreien. Melone, Gurke und Sellerie grob zerkleinern. Alle Zutaten in den Entsafter geben und den Saft in einen Krug oder ein großes Glas gießen.

Purer Spinatsaft ist nicht gerade das, was man sich unter einem Hochgenuss vorstellt, aber in leckeren Kombinationen wird die Vitaminbombe mehr als trinkbar. Besonders gut funktioniert dieser Trick mit Äpfeln oder Gurke. Achten Sie bei Gurken darauf, dass sie biologisch angebaut sind. Die anderen sind häufig gewachst und müssen erst geschält werden, wodurch ein Teil der Farbe und Nährstoffe verloren geht.

Gurkensaft mit Spinat

1 Biogurke
1 große Handvoll Spinat
Salz oder Zitronensaft nach
   Geschmack

Ergibt 1–2 Portionen

Die Gurke achteln, die Hälfte der Stücke entsaften, anschließend den gesamten Spinat und dann die restliche Gurke. Falls gewünscht, Salz oder Zitronensaft nach Geschmack zufügen.

Variante
Gurke hat eine kühlende, zusammenziehende Wirkung – wenn Sie es süßer mögen, ersetzen Sie die Hälfte des Gurkensafts durch Saft von knackigen Granny-Smith-Äpfeln.

Dieser herbstliche Stärkungstrunk sorgt für eine regelmäßige Verdauung und wirkt schleimlösend. Ingwer befreit die Nebenhöhlen und wirkt verdauungsfördernd; dieser Saft ist also sowohl anregend als auch beruhigend. Fenchel regt die Leber an und wirkt ebenfalls verdauungsfördernd.

Herbstmix

1 Fenchelknolle (ca. 175 g)
1 Apfel
1 Birne
1 große Karotte (ca. 200 g)
1 Stück frischer Ingwer (ca. 1 cm)

Ergibt 1 Portion

Die Enden der Fenchelknolle abschneiden. Apfel, Birne, Karotte und Fenchel in große Stücke schneiden. Alle Zutaten in den Entsafter geben und den Saft in ein großes Glas füllen.

Dieser spritzige Saft bringt die Verdauung in Schwung. Er reinigt den Verdauungstrakt und befreit die Nebenhöhlen. Am besten in Schnapsgläsern als Muntermacher am Morgen servieren.

Ingwer-Shot

½ Zitrone
1 Fenchelknolle ohne die Enden (ca. 175 g)
1 Apfel
1 Stück frischer Ingwer (ca. 2,5 cm)
100 g helle Trauben

Ergibt 3 Portionen

Die Zitrone schälen, die weiße Haut entfernen und das Fleisch grob zerkleinern. Fenchel und Apfel in mittelgroße Stücke schneiden, alle Zutaten in einen Entsafter geben und den Saft in einen Krug füllen.

links Herbstmix
rechts Ingwer-Shot

Aus Salat und Petersilie lassen sich nur kleine Mengen Saft gewinnen und er schmeckt wirklich sehr „grün"! Verlängern und süßen Sie ihn daher mit Apfel- oder anderem Saft. Ein Großteil des Petersilienaromas steckt in den Stängeln, sie gehören daher mit in den Entsafter. Vor dem Entsaften sollte jedes Blattgemüse gründlich gewaschen, in ein Tuch geschlagen und in den Kühlschrank gelegt werden, bis es ganz knackig ist.

Salat-Petersilien-Trunk

1 grüner Apfel
1 Romana- oder Eisbergsalat
1 großer Bd. Petersilie, einschließlich
   Stängel, die Enden abgeschnitten

Ergibt 1 Portion

Das Kerngehäuse des Apfels entfernen, den Apfel vierteln. Den Salat putzen, Salat und Petersilienblätter zu Kugeln rollen und in die Einfüllstutzen des Entsafters drücken. Die Apfelstücke hinterherschieben (so wird Salat und Petersilie noch mehr Saft entzogen). Falls erforderlich, den Saft umrühren, dann unbedingt sofort servieren.

Paprika, Tomate und Chili stammen ursprünglich aus Mexiko. Die Schärfe können Sie ganz nach persönlicher Vorliebe variieren, indem Sie mehr Chilischoten oder eine schärfere Sorte verwenden. Salz unterstreicht wunderbar das Aroma, ebenso wie ein Spritzer Zitronensaft. Paprika und Chili enthalten dreimal so viel Vitamin C wie eine Orange. Durch das Entsaften wird die Haut entfernt und das süße Aroma gewonnen.

Goldene Salsa à la Mexiko

2 Paprikaschoten (rot, orange oder gelb)
1 mittelscharfe rote Chilischote
2 Tomaten
1 Prise Salz oder 1 Spritzer Zitronensaft
Eiswürfel zum Servieren

Ergibt 1 Portion

Die Trennwände und Samen der Paprika und Chilischote entfernen. Die Tomaten vierteln, eine Paprikaschote in den Entsafter geben, gefolgt von der Chilischote, den Tomaten und dem Salz oder Zitronensaft. Die andere Paprikaschote dazugeben und den Saft sofort servieren. Schmeckt hervorragend auf Eis.

Die Tomate ist wahrscheinlich die wunderbarste Gemüsesorte der Welt (wobei sie streng genommen zu den Obstsorten gehört). Tomaten haben kaum Kalorien, enthalten aber viel Vitamin C und E, außerdem Kalium, Betacarotin und Lycopin, das gegen bestimmte Krebserkrankungen unterstützend wirken kann, indem es Schäden durch freie Radikale verhindert.

Virgin Mary

6 reife Tomaten

1 rote Chilischote

3 Selleriestangen

1 Knoblauchzehe

Eiswürfel

1 Spritzer Worcestersauce nach Geschmack

Ergibt 1 Portion

Zum Enthäuten die Tomaten an der Unterseite kreuzweise einschneiden, in eine große ofenfeste Schüssel legen und mit kochendem Wasser bedecken. 1 Minute stehen lassen, dann abgießen und die Haut abziehen.
Die Samen der Chilischote entfernen. Tomaten, Sellerie, Knoblauch und Chilischote entsaften. Den Saft in einen Krug mit Eiswürfeln gießen, nach Geschmack die Worcestersauce unterrühren und mit oder ohne Wodka servieren.

Variante
Sie können auch andere Früchte- und Gemüsesäfte wie Brokkoli, Weißkohl, Zitrone oder Radieschen dazugeben – und ein wenig marokkanische Harissa-Paste.

Fruchtiges mit Schwips

Nie schmeckten Martinis besser oder sahen umwerfender aus! Aus jeder Obstsorte lassen sich vier Drinks herstellen, wählen Sie also Ihre Lieblingssorte aus – oder bereiten Sie einen von jeder Sorte zu!

Fruchtige Martinis

1 Stück Wassermelone (250 g Fruchtfleisch)
4 Kiwis (ca. 250 g)
250 g Erdbeeren
3 EL Zucker
240 ml geeister Wodka
Kiwischeiben, Erdbeeren und kleine
  Wassermelonenspalten zum Garnieren
Eiswürfel, leicht zerstoßen, zum Servieren

Ergibt 4 Portionen pro Obstsorte

Die Wassermelone von Schale und Samen befreien und das Fruchtfleisch in Stücke schneiden. Die Kiwis schälen und die Erdbeeren entstielen. In einem Mixer jede Obstsorte separat mit 1 Esslöffel Zucker glatt pürieren.
Jede Obstsorte separat in einen Shaker geben und 80 Milliliter geeisten Wodka sowie etwas zerstoßenes Eis zufügen. Den Deckel aufsetzen und etwa 30 Sekunden kräftig schütteln. Den Inhalt auf vier Martinigläser verteilen. Jedes Glas mit einer Scheibe der verwendeten Obstsorte garnieren und sofort servieren.

Ein köstlicher Drink nach der Art von Sloe Gin, der im Herbst aus Schlehen hergestellt wird. Heidelbeeren sind in diesem Fall ein würdiger Ersatz. Der Gin sollte in kleinen Gläsern serviert werden – er schmeckt wunderbar, kann aber wegen des hohen Alkoholgehalts schnell zum Verhängnis werden. Sie können ihn auch in hohen Gläsern mit Eis und Tonicwater servieren. Einfach köstlich und von herrlicher Farbe!

Heidelbeer-Gin

1 Schale Heidelbeeren (ca. 250 g)
6 EL Zucker
750 ml Gin
zerstoßenes Eis, Tonicwater und
    frische Minzezweige zum Servieren

Ergibt 15–20 Portionen

Die Heidelbeeren in eine große Glasflasche oder in eine leere Spirituosenflasche füllen. Zucker und Gin zufügen und alles gut schütteln. Mindestens 2 Wochen und bis zu 2 Monate stehen lassen. Die Flasche währenddessen gelegentlich schütteln – je länger sie steht, desto kräftiger wird die Farbe des Inhalts. 20 Milliliter Gin (ein Schnapsglas) mit 3 Esslöffeln zerstoßenem Eis in einen Mixer geben. Alles mischen und in gekühlte hohe Gläser gießen. Einen Minzezweig hineingeben und nach Geschmack mit Tonicwater auffüllen.

Alternative
Pur in einem kleinen Aquavit- oder Schnapsglas servieren. Nichts für Autofahrer!

Ein wunderbarer Longdrink für den sommerlichen Brunch. Servieren Sie ihn in einem großen Glaskrug zur Selbstbedienung. Verwenden Sie möglichst Grapefruit rosé – zwei bis drei saftige Früchte reichen für die angegebene Saftmenge. Campari enthält nicht sehr viel Alkohol, daher kann der Longdrink auch tagsüber genossen werden – oder an einem Sommerabend vor dem Essen.

Campari Grapefruit

4 EL Campari
500 ml frisch gepresster
Grapefruitsaft (rosé), gekühlt
frische Minzezweige zum Servieren
250 g zerstoßenes Eis zzgl. Eis zum
Servieren

Ergibt 2–4 Portionen

Campari und Grapefruitsaft in einem Mixer mit dem zerstoßenen Eis mischen. Einen Krug zur Hälfte mit zerstoßenem Eis füllen, die Mischung hineingießen, den Krug mit Minzezweigen auffüllen und servieren.

Honig und Birnen passen wunderbar zusammen, nicht nur in diesem süßen, erfrischenden Cocktail. Wenn Sie Nashi-Birnen ergattern können, eine wunderbare Mischung aus Birnen und Äpfeln, verwenden Sie diese, aber keine Sorge, der Cocktail schmeckt auch mit normalen Birnen hervorragend.

Eiskalter Birnen-Fizz

¼ **Birne (möglichst Nashi)**
1 **TL Honig**
2 **EL Birnenlikör**
2 **EL Cointreau oder anderer Likör mit**
  Orangenaroma
Champagner oder Schaumwein,
  gekühlt
Eiswürfel zum Servieren

Ergibt 1 Portion

Die Birne schälen, das Kerngehäuse entfernen und die Frucht in dünne Scheiben schneiden. Honig mit etwas Eis in einen Shaker geben und mit einem Holzstößel leicht zerstoßen. Birnen- und Orangenlikör zufügen, den Deckel aufsetzen und kurz, aber kräftig schütteln.
In ein gekühltes Glas gießen, einige Birnenscheiben und Eiswürfel hineingeben und mit Champagner oder Schaumwein aufgießen. Sofort servieren.

Mandarinen-Caipiroschka

Traditionell haben Mandarinen zwar im Winter Saison, aber wie Zitronen und Limetten sind auch sie inzwischen fast das ganze Jahr über erhältlich. Daher passt dieser Cocktail eigentlich viel besser zu einem sommerlichen Grillfest – zu rauchigem Grillfleisch schmeckt er hervorragend. Wenn Sie keine Mandarinen bekommen, können Sie auch Orangen nehmen.

Mandarinen-Caipiroschka

1 Mandarine
frische Minzeblätter
2 EL Triple Sec
2 EL Wodka
Tonicwater zum Aufgießen
Eiswürfel zum Servieren

Ergibt 1 Portion

Mandarine schälen und in Spalten teilen. Die Minzeblätter grob zerpflücken und mit den Mandarinenspalten und dem Eis in ein gekühltes Glas geben. Die Mandarinenstücke anstoßen, damit sie den Saft freisetzen. Triple Sec und Wodka darübergießen, mit Tonicwater aufgießen und servieren.

Rum passt hervorragend zu frischen Säften und lässt sich auch aus einer Mischung unterschiedlicher Aromen gut herausschmecken. Dieser köstliche Longdrink besticht durch fruchtigen Cranberry- und Ananassaft und das gewisse Etwas durch den scharfen frischen Ingwer.

Jamaika-Brise

50 ml weißer Rum
2 Scheiben frischer geschälter Ingwer
75 ml Cranberrysaft
75 ml frischer Ananassaft
Eiswürfel zum Servieren

Ergibt 1 Portion

Rum und Ingwer in einen Shaker geben und mit einem Holzstößel zerdrücken. Eis zufügen und Cranberry- und Ananassaft hineingießen. Kräftig schütteln und in ein eisgefülltes Glas abseihen. Sofort servieren.

Kumquats, manchmal auch als Zwergorangen bezeichnet, sind kleine, wohlschmeckende Zitrusfrüchte. Im Gegensatz zu den meisten anderen Mitgliedern der Zitrusfamilie ist die äußere Schale der Kumquats süß, das Fruchtfleisch dagegen recht sauer.

Lobby Dazzler

3–4 Kumquats
2 TL Zucker
50 ml Absolut Kurant Vodka
zerstoßenes Eis zum Servieren

Ergibt 1 Portion

Die Kumquats vierteln, in einen Tumbler geben und mit dem Zucker bestreuen. Mit einem Stößel oder der Rückseite eines Löffels alles zerdrücken, bis der Zucker sich vollständig gelöst hat und der ganze Saft freigesetzt ist.
Das Glas mit zerstoßenem Eis füllen, den Wodka zugießen und vor dem Servieren kurz umrühren.

Kinder lieben Slushs, aber diese eiskalte, fruchtige Leckerei ist eindeutig nur für Erwachsene. Britischer Cider enthält deutlich mehr Alkohol als französischer Cidre und ist mittlerweile auch im deutschsprachigen Raum erhältlich.

Cider-Apfel-Slush

3 große Kochäpfel, zzgl. sehr dünne Apfelspalten zum Garnieren
1 l süßer Cider
250 g Zucker
2 Zimtstangen, leicht angestoßen

Ergibt 4 Portionen

Die Äpfel schälen, ihr Kerngehäuse entfernen und die Früchte in Spalten schneiden. Äpfel, Cider, Zucker und Zimtstangen in einen Topf geben und langsam zum Kochen bringen, dabei umrühren, bis der Zucker sich gelöst hat. Deckel aufsetzen und 12 bis 15 Minuten sanft köcheln lassen, bis die Äpfel weich sind.
Vom Herd nehmen und abkühlen lassen. Anschließend die Zimtstangen herausnehmen und wegwerfen. Die abgekühlte Mischung in einen Mixer gießen und alles glatt pürieren. In einen gefriertauglichen Behälter löffeln und 4 bis 6 Stunden in den Gefrierschrank stellen.
Zum Servieren die gefrorene Mischung wieder in den Mixer geben und kurz zerkleinern. In hohe Gläser füllen, mit Apfelspalten garnieren und sofort servieren.

Ein Kir Royal besteht aus Crème de Cassis und Champagner. Dieser Partydrink ist eine abgewandelte Version mit Mango und Ingwer. Sehr gut eignet sich indisches Alphonso-Mangopüree aus der Dose, aber Sie können auch tiefgekühlte oder frische Mango pürieren. In diesem Fall müssen Sie allerdings etwas Zitronensaft zufügen, um das Aroma hervorzubringen, und Eis, um die Fasern zu zerkleinern.

Kir Royal mit Mango & Ingwer

1 Glas eingelegter Ingwer in Sirup
  oder kandierter Ingwer
500 ml Mangopüree
8 EL Ingwerpüree* oder Ingwersaft
Ingwersirup aus dem Glas nach Geschmack
Zucker nach Geschmack
6 Flaschen gekühlter Champagner (à 750 ml)

Ergibt mindestens 50 Gläser

Den Ingwer, wenn nötig, vierteln und längs auf das Ende eines langen Cocktail- oder Bambusspießes stecken. Mit dem Ingwer nach unten auf einem Teller oder in einer Schüssel anrichten. Falls erforderlich, bei den folgenden Arbeitsschritten portionsweise vorgehen: Das Mangopüree in einen Mixer geben, Ingwerpüree oder Ingwersaft, Ingwersirup aus dem Glas nach Geschmack und 250 Milliliter Eiswasser zufügen. Alles gut mischen. Zucker nach Geschmack ergänzen. Erneut mischen und Eiswasser zufügen, bis die Mischung die Konsistenz dünnflüssiger Sahne erreicht – ist sie zu dickflüssig, sinkt sie auf den Glasboden.

Champagnerflöten auf Serviertabletts anrichten und in jede 1 Teelöffel der Mangomischung geben. 1 Teelöffel Champagner zufügen, umrühren und beiseitestellen, bis die Gäste eintreffen. Zum Servieren die Gläser mit Champagner auffüllen (zweimal, weil der Champagner kräftig schäumt), dann quer über jedes Glas einen Cocktailstab mit Ingwer legen, den die Gäste als Sektquirl verwenden können. Man wird sicher Nachschub verlangen, Sie sollten also zusätzlich Mangomischung bereithalten.

*Ingwerpüree ist in einigen Supermärkten im Glas erhältlich. Sie können es aber auch selbst herstellen:
1 Kilogramm frischen Ingwer in etwa 5 Zentimeter lange Stücke schneiden. Mit Wasser bedecken und 30 Minuten einweichen, dann schälen und grob hacken. In einem Mixer oder einer Gewürzmühle zu Püree verarbeiten, dabei nach Bedarf etwas Eiswasser oder Zitronensaft zufügen. Sie können den Saft durch ein Sieb abseihen oder das Püree in Eiswürfelbehältern einfrieren und nach Bedarf in diesem und anderen Rezepten verwenden. Für dieses Rezept brauchen Sie mindestens acht Eiswürfel.

Viele karibianische Punsche sind sehr stark und dieser hier ist da keine Ausnahme. Sie können ihn auch als weniger kräftigen Partypunsch in einem Punschgefäß servieren und mit Saft oder anderen alkoholfreien Getränken aufgießen.

Kalter Mango-Rum-Punsch

250 ml Mangopüree oder
   250 g tiefgekühlte Mango
1 TL frisch gepresster Zitronensaft
1 Prise gemahlener Kardamom*
500 ml brauner Rum
6 Eiswürfel zzgl. Eiswürfel zum Servieren
schwarze Samen von 3 Kardamomkapseln*

Ergibt 10 Portionen

Mango oder Mangopüree mit Zitronensaft, gemahlenem Kardamom und Rum in einen Mixer geben. Eiswürfel zufügen und alles glatt pürieren. In gekühlte Gläser abseihen (nach Belieben auf Eis) und mit einigen Kardamomsamen garnieren.

*6 grüne Kapseln im Mörser zerstoßen, die schwarzen Samen herausnehmen und die grünen Kapseln wegwerfen. Die Samen im Mörser zu Pulver zerstoßen.

Dieser Punsch versetzt Sie direkt in die Karibik. Sie können auch braunen Rum verwenden, aber weißer verleiht dem Drink ein etwas weicheres Aroma.

Kalter Passionsfrucht-Rum-Punsch

300 ml weißer Rum
Fruchtfleisch und Samen von 6 großen,
   reifen Passionsfrüchten (ca. 150 g)
150 ml frisch gepresster Orangensaft
600 ml klare Zitronenlimonade
Eiswürfel zum Servieren

Ergibt 6 Portionen

Rum, Passionsfruchtfleisch und Orangensaft in einen großen Krug geben und 1 Stunde kalt stellen. Sechs hohe Gläser zur Hälfte mit Eis füllen, Rum-Frucht-Mischung zufügen und mit Limonade aufgießen. Sofort servieren.

Passionsfrucht und Galliano-Likör sind eine fantastische Kombination. Wenn der Galliano den Weg aus Italien nicht gefunden hat, nehmen Sie stattdessen Grand Marnier. Je nach Geschmack lässt sich der Shake mit mehr Eiscreme noch dicker und mit mehr Milch dünner zubereiten.

Passionsfrucht-Milchshake mit Galliano

3 Passionsfrüchte, gekühlt
1 EL Galliano
3 Kugeln Vanilleeiscreme
100 ml Milch oder mehr nach
  Geschmack
Zucker nach Geschmack

Ergibt 1–2 Portionen

Fruchtfleisch und Samen von zwei Passionsfrüchten in den Mixer geben, Galliano, Eiscreme und Milch zufügen und alles gut mischen. Abschmecken und nach Bedarf Zucker und etwas mehr Milch zufügen. Das restliche Passionsfruchtfleisch über den Shake löffeln und servieren.

Eine aromatische, leichtere Version der klassischen spanischen Sangria. Sie können auch nahezu jede andere Obstsorte verwenden und den Likör variieren. Wie wäre es zum Beispiel mit Pfirsichschnaps oder Himbeerlikör?

Pfirsich-Erdbeer-Sangria

2 frische Pfirsiche
250 g Erdbeeren
1 Orange
150 ml Crème de Fraise (Erdbeerlikör)
2 Flaschen trockener Weißwein (à 750 ml)

1 kleine Salatgurke
klare Zitronenlimonade zum Aufgießen
Borretschblüten zum Garnieren
Eiswürfel zum Servieren

Ergibt 12 Portionen

Die Pfirsiche entsteinen und in dünne Scheiben schneiden. Die Erdbeeren entstielen und ebenfalls in Scheiben schneiden. Die Orange mit Schale in Scheiben schneiden. Pfirsich-, Erdbeer- und Orangenscheiben mit dem Erdbeerlikör in einen großen Krug geben. Mit dem Wein übergießen und 30 Minuten kalt stellen.
Die Gurke schälen und ohne Samen in dünne Scheiben schneiden. Zum Servieren die Gurke und etwas Eis zum Likör geben und mit Limonade aufgießen. In Gläser füllen und jedes mit einigen Borretschblüten garnieren.

Verwenden Sie für dieses Rezept möglichst goldbraunen Rum. Dunkler Rum schmeckt zwar kräftiger, ergibt aber zusammen mit den Zutaten in diesem Rezept keine so schöne Farbe; besser eignet sich daher eine goldbraune Rumsorte aus Barbados oder von einer der anderen karibischen Inseln. Sie können auch weißen Rum verwenden, sein Aroma ist jedoch nicht so voll wie das der dunkleren Sorten.

Ananas-Rum

500 ml frischer Ananassaft oder das
    Fruchtfleisch von 1 reifen Ananas
2 EL Ingwerpüree oder 2 Stück einge-
    legter Ingwer und Sirup nach
    Geschmack
250 ml goldbrauner oder weißer Rum
Ginger Beer oder Gingerale nach
    Geschmack

Ergibt 4–6 Portionen

Ananassaft oder -fruchtfleisch mit dem Ingwerpüree oder dem eingelegten Ingwer und dem Sirup in einem Mixer pürieren. In einen eisgefüllten hohen Krug abseihen. Den Rum unterrühren und sofort servieren oder mit Ginger Beer oder Gingerale aufgießen.

Alternative
In hohe Gläser mit Eis abseihen und mit Ginger Beer oder Gingerale auffüllen.

Der Cranberrysaft verleiht diesem Cocktail-klassiker eine leichte, fruchtige Note. Durch sein schwach bitteres Aroma erfrischt der Cocktail herrlich an einem warmen Tag, vor allem, wenn er eiskalt serviert wird.

Sea Breeze

30 ml Wodka
150 ml Cranberrysaft
50 ml frisch gepresster Grapefruitsaft
1 Limettenspalte zum Garnieren
Eiswürfel zum Servieren

Ergibt 1 Portion

Ein hohes Glas zur Hälfte mit Eis füllen. Den Wodka hineingießen und Cranberry- und Grapefruitsaft zufügen. Umrühren und mit einer Limettenspalte servieren. Sofort servieren.

Das herbe Aroma des Cranberrysafts wird in diesem hübschen pinkfarbenen Cocktail durch den Triple Sec gemildert. Mit Vanille-Wodka wird er noch süßer.

Cosmopolitan Ice Tea

30 ml Wodka, falls erhältlich,
 mit Vanillearoma
15 ml/1 EL Triple Sec
75 ml Cranberrysaft
frisch gepresster Saft von ½ Limette
Eiswürfel zum Servieren

Ergibt 1 Portion

Einen Shaker mit Eis füllen. Wodka, Triple Sec, Cran-berry- und Limettensaft zufügen. Den Deckel aufset-zen und kräftig schütteln. In ein hohes, zur Hälfte mit Eis gefülltes Glas abgießen. Sofort servieren.

Echte Fans traditioneller amerikanischer Eiscremesoda schaffen es, eine Kugel Eiscreme auf dem Rand des Glases auszubalancieren. Wenn Sie sich das nicht zutrauen, können Sie die Kugel auch auf einen Teelöffel setzen. Dieses Rezept lässt sich endlos variieren. Verwenden Sie den passenden Likör zur Frucht – Crème de Fraise zu Erdbeeren, Crème de Framboise zu Himbeeren, Pfirsichlikör zu Pfirsichen ...

Erdbeerlikör-Smoothie

250 g Erdbeeren ohne Stiele
1 EL Erdbeerlikör
3 Kugeln Erdbeereiscreme zzgl. 1 sehr
   kleine Kugel zum Servieren
ca. 100 ml Milch nach Geschmack

Ergibt 1–2 Portionen

Alle Zutaten in einen Mixer geben und pürieren. Mit mehr Eiscreme wird der Smoothie dicker, mit mehr Milch dünner. In einem hohen Glas mit einer kleinen Kugel Eiscreme auf dem Rand (falls möglich) servieren.

Variante

Strawberry Spider In ein hohes Glas ohne Kugel Erdbeereiscreme und 1 Esslöffel Erdbeerlikör oder -sirup geben, dann mit Limonade (vorzugsweise Erdbeerlimonade) auffüllen. Vorsicht beim Auffüllen – die Limonade schäumt wie verrückt!

Diese tropische Mischung ist so dickflüssig und köstlich, dass sie beinahe als Suppe durchgehen könnte. Das Rezept ergibt einen Smoothie für eine Person oder einen Champagner-Cocktail für etwa sechs Personen. Alle Früchte vor der Zubereitung unbedingt kühlen – die besonders aromatischen aber erst in Klarsichtfolie wickeln, damit die anderen Lebensmittel im Kühlschrank nicht ihr Aroma annehmen.

Üppiger Tropencocktail

tropische Früchte, z. B. 250 g frische Papaya oder Ananas
gekühlter Champagner
Zucker nach Geschmack
Wassermelonendreiecke zum Servieren

Ergibt 1 Portion oder 6 Portionen

Die Früchte würfeln und mit 125 Millilitern Champagner im Mixer pürieren. Zucker nach Geschmack zufügen, falls verwendet. In ein gekühltes Glas gießen und mit Wassermelonendreiecken auf Cocktailspießen servieren.

Alternative
Auf sechs Gläser verteilen, mit Champagner aufgießen und als Champagner-Cocktails servieren.

Dieses Rezept eignet sich ideal für eine Sommerparty im Garten. Sie können jede beliebige Obstsorte verwenden, es sollten aber tropische Früchte wie Mango, Ananas oder Sternfrüchte dabei sein. Nehmen Sie keine weichen Früchte, die ausfasern, etwa Melone oder Erdbeeren.
Mit Gingerale oder Limonade anstelle des Champagners wird daraus eine alkoholfreie Version für Kinder und Autofahrer.

Tropische Sangria

1 reife Mango
1 Limette
1 Zitrone
½ Ananas
3 Kiwis

1 Sternfrucht (Carambola)
3 EL Feinzucker
1 Flasche Champagner
  (750 ml), gekühlt

Ergibt 4–8 Portionen

Alle Früchte so vorbereiten, dass das Fruchtfleisch in dünne Scheiben geschnitten bereitsteht, die Sternfrucht sollte ihre Sternform dabei behalten. In ein Punschgefäß geben, mit Zucker bestreuen und 30 Minuten stehen lassen. Direkt vor dem Servieren mit eiskaltem Champagner aufgießen.

Varianten
Schnelle neapolitanische Sangria Ein Punschgefäß zur Hälfte mit Eis füllen, eine Flasche Orangenlimonade und zwei Flaschen leichten Rotwein zugießen.
Neapolitanische rote Pfirsich-Sangria Ein Punschgefäß zur Hälfte mit Eis füllen, eine Flasche leichten Rotwein, 250 Milliliter Pfirsichnektar, Minzezweig und einen Pfirsich in Scheiben hineingeben.

Das sommerliche Aroma reifer roter Wassermelonen passt ganz wunderbar zum frischen, klaren, zitronigen Geschmack von Gin. Denken Sie jedoch daran, die Wassermelonensamen vor dem Pürieren zu entfernen, sie machen den Longdrink sonst bitter.

Wassermelonen-Gin

2 sehr reife Wassermelonen, gut
   gekühlt
500–750 ml Gin oder nach Geschmack
zerstoßenes Eis, frische Minzezweige
   und Wassermelonendreiecke

Ergibt 10–20 Portionen

Die Wassermelonen halbieren, Samen und Schale entfernen. Das Fruchtfleisch portionsweise in einem Mixer oder einer Küchenmaschine glatt pürieren. Wenn die Mischung zu dick ist, Wasser zugießen. In einen Krug gießen und den Gin einrühren. Gläser mit Eis füllen, den Wassermelonen-Gin darübergießen und mit einem Minzezweig und einem Melonendreieck garniert servieren.

Variante
Limetten-Wassermelonen-Wodka Den Gin durch Wodka ersetzen und den frisch gepressten Saft von zwei Limetten unterrühren.

Register

Rezeptnachweise

Elsa Petersen-Schepelern
Seite 11, 15, 20, 23, 27, 32, 47, 51, 52, 55 li, 59,
63, 64, 67, 68, 83 li, 91, 96, 100, 103, 104, 112,
115 re, 116, 121, 126, 129 li, 133 li, 137, 138 re,
142 li, 145, 146, 150, 153, 158, 161 li, 162, 166
re, 169, 170, 181, 182, 189, 193, 194, 197, 202,
205, 214/215, 217, 221, 225, 229, 230, 233

Louise Pickford
Seite 12, 16, 19, 24, 28, 31, 35, 36, 39, 40, 43,
44, 48, 55 re, 56, 76, 84, 87, 88, 107 108, 111,
115, 122, 125, 129 re, 133 re, 138 li, 141 149,
154, 157, 161 re, 165, 166 li, 177, 178, 185, 186,
190, 201, 206, 209 li, 213, 218, 222, 226 re

Ben Reed
Seite 83, 209 re, 226 li

Tonia George
Seite 71, 99 142 re

Fran Warde
Seite 80, 210

Lyndel Costain & Nicola Grimes
Seite 75, 92, 134, 173

Brian Glover
Seite 72

Maxine Clark
Seite 79, 95

Bildnachweise

Jan Baldwin
Seite 234

Martin Brigdale
Seite 73, 143, 217

Peters Cassidy
Seite 47, 64, 68, 71, 95, 110, 193, 206, 213, 214,
225, 230

Jean Cazals
Seite 153

Dan Duchars
Seite 130

Tara Fisher
Seite 36, 79, 146, 149, 222

Jonathan Gregson
Seite 7, 31, 70, 98

Richard Jung
Seite 3 li, 3 Mitte re, 52, 67, 72, 76, 189, 233

Sandra Lane
Seite 210

Lisa Linder
Seite 23

William Lingwood
Seite 3 Mitte li, 3 rechts, 10, 11, 21, 29, 34, 59,
65, 69, 75, 82, 84–90, 96, 97, 102, 103, 105, 109,
112, 113, 114, 144, 162, 163, 180-183, 188, 192,
194–197, 200, 207, 208, 212, 215, 218, 219, 223,
227

James Merrell
Seite 66, 101, 127, 132, 136, 152, 171, 203, 204,
216, 220, 224, 228, 231, 232, 235

Diana Miller
Seite 201

David Montgomery
Seite 137, 170

David Munns
Seite 32

Noel Murphy
Seite 78, 94, 125

William Reavell
Seite 35, 74, 93, 135, 172, 205, 229

Claire Richardson
Seite 121

Debi Treloar
Seite 14, 22, 26, 33, 46, 50, 53, 54, 58, 62, 81,
117, 120, 128, 139, 147, 151, 159, 160, 167–169,
211, 221

Pia Tryde
Seite 202

Ian Wallace
Seite 1, 2, 4–6, 8–9, 13, 17, 18, 25, 27, 28, 30,
37–42, 45, 49, 51, 57, 60–61, 63, 77, 104, 106,
108, 118–119, 123, 124, 126, 131,140, 145, 148,
155–158, 164, 174–179, 184, 187, 191, 198–199

Francesca Yorke
Seite 43, 91, 186